1000 Meilen Abenteuer

Thorer · Blumenberg

1000 Meilen Abenteuer

Die härteste Herausforderung an Mensch und Maschine

– STEINHEIM –

Axel Thorer (l.), Jahrgang 1939
Freier Autor, Game Warden, Teilnehmer an drei CAMEL-TROPHIES

Karl-Heinz „Carlo“ Blumenberg (r.), Jahrgang 1948
Redakteur beim STERN, Teilnehmer an drei CAMEL-TROPHIES

Dieses Buch widmen wir der Puppe und dem Geparden

Die Autoren danken folgenden Freunden für Informationen und Bildmaterial:
Gösta Ahrweiler · Jürgen C. Aschoff · Andreas Bender · Michael Christmann · Volker Corell · Wolfgang Drehsen
Herwig Karetta · Fritz Kortler · Tim Leeser · Knut Menthel · Yörn Pugmeister · Fritz Trupp und Heinrich Harrer

Gesamtgestaltung: Grafik Design Krön, München
Gesamtherstellung: westermann druck GmbH, Braunschweig

1. Auflage
Printed in Germany
ISBN 3-88952-025-1

Prolog

„Die Jugend ist nicht ein Abschnitt des Lebens,
sie ist ein Zustand der Seele,
der in einer bestimmten Form des Willens besteht,
in einer Bereitschaft zur Phantasie,
in einer gefühlsmäßigen Kraft;
im Obsiegen des Mutes über die Zaghaftigkeit
und der Abenteuerlust über die Liebe zur Bequemlichkeit.
Man wird nicht alt wegen der einfachen Tatsache,
daß man eine bestimmte Zahl von Jahren gelebt hat,
sondern nur, wenn man sein eigenes Ideal aufgibt.
Wenn die Jahre ihre Spuren auf den Körper zeichnen,
so zeichnet der Verzicht auf die Begeisterung sie auf die Seele.

Der Abscheu, der Zweifel, das Fehlen von Sicherheit,
die Furcht und das Mißtrauen
sind lange Jahre, die das Haupt beugen
und den Geist zum Tode führen.
Jung sein bedeutet, mit sechzig oder siebzig Jahren
die Liebe zum Wunderbaren bewahren,
das Erstaunen für die leuchtenden Dinge
und die strahlenden Gedanken;
den kühnen Glauben,
den man den Ereignissen entgegenbringt,
den unstillbaren Wunsch des Kindes für alles,
was neu ist, den Sinn für die angenehme und
fröhliche Seite des Daseins.

Ihr werdet so lange jung sein, wie euer Herz die
Botschaft der Schönheit, der Kühnheit und des
Mutes aufnehmen wird;
die Botschaft der Größe und der Stärke,
die euch von der Welt, von einem Menschen,
oder von der Unendlichkeit geschenkt werden.
Wenn alle Fasern eures Herzens zerrissen sein werden,
und wenn sich auf ihnen der Schnee des
Pessimismus und das Eis des Zynismus gehäuft haben werden,
erst dann werdet ihr alt sein,
und dann möge Gott sich eurer Seelen erbarmen."

Inschrift eines Granitsteins im Parco Giardino in Verona

Die Idee

Die Idee der Camel-Trophy wurde vor mehr als fünf Jahren in Deutschland geboren. Keiner der daran Beteiligten ahnte damals, wie schnell aus einer Promotionaktion ein international durchschlagendes Ereignis werden sollte, das in jedem Jahr in vielen Ländern der Welt viele tausend Männer mit der Sehnsucht nach Abenteuer in den Bann schlägt. Der „Einstieg" in diese „Camel"-Welt begann 1980 als nationale Aktion mit einer Dschungeldurchquerung entlang der Transamazonica im Amazonasbecken von Brasilien: die ersten 1000 Meilen Abenteuer durch die grüne Hölle. Die zweite Camel-Trophy durchquerte den Dschungel Sumatras. Nach diesen beiden Abenteueraktionen war das Interesse an der „Camel"-Welt so groß geworden, daß die dritte „Trophy", die 1982 in Papua-Neuguinea ausgetragen werden sollte, bereits international ausgeschrieben werden mußte. Die vierte „Trophy" durch den afrikanischen Regenwald von Zaire und die fünfte Camel-Trophy, die 1984 über den zweiten Teil der Transamazonica führte, wurden konsequent auf den Erfahrungen der ersten Veranstaltungen aufgebaut. Das Ergebnis: Die Camel-Trophy hatte sich zu einer der härtesten Fahrerprüfungen der Welt entwickelt. Trotz der stetig gestiegenen Härte, die sich in zahlreichen Presseberichten, in aufregenden Reportagen, in faszinierenden Bildern und atemberaubenden Filmen dokumentierte, bewarben sich immer mehr Menschen um die immer knapper werdenden Teilnehmerplätze für eine der Camel-Trophies. Wohin auch immer „Reynolds Tobacco" zu 1000 Meilen Abenteuer einlud – aus allen Teilen dieser Welt meldeten sich Menschen, die eines der letzten Abenteuer der Gegenwart mitmachen wollten.

Wegen der ständig wachsenden Zahl von Bewerbungen – vor allem aus Gründen der Sicherheit – mußten die Auswahlkriterien für die Teilnehmer verschärft werden. Tropentauglichkeit, Erfahrungen im Umgang mit Geländefahrzeugen, die Fähigkeit, sich allein durch das Dickicht des Dschungels zu schlagen, eine reife Persönlichkeit, die auch mit Streß fertig wird, und vor allem die Fähigkeit, kameradschaftlich in einem Team zu arbeiten – das alles sind Anforderungen, die an die Teilnehmer der Camel-Trophies gestellt werden. Geschulte Psychologen übernahmen deshalb die Vorauswahl der Bewerber. Eignungstests auf einem Off-Road-Gelände und harte Checks, die das Verhalten in Streß-Situationen prüfen sollten, waren weitere, schwierige „Filter" auf dem Weg in die „Camel"-Welt.

Die glücklichen Sieger der Vorauswahlen wurden zum Start auf „ihre" 1000 Meilen Abenteuer jeweils mit einem vollausgerüsteten Geländewagen, den finanziellen Mitteln für entsprechende Nahrungsmittel und allen sonst notwendigen Ausrüstungsgegenständen versorgt. In den Begleitfahrzeugen der Camel-Trophies fuhren neben dem Expeditionsleiter stets ein Arzt und ein Mechaniker mit mobiler Werkstatt. Doch wenn die Teams erst einmal auf der Strecke waren, dann zählte für alle nur eines: der Wille durchzukommen und die Fähigkeit, auch in schwierigsten Situationen einen kühlen Kopf zu behalten und seinen gesunden Menschenverstand zu gebrauchen.
Was allen Teilnehmern der verschiedenen Camel-Trophies eigen war und ist, das ist die Sehnsucht, einmal aus dem täglichen Einerlei auszubrechen und die Welt, in der wir leben, neu zu erfahren. Dazu gehört natürlich auch – und vor allem – die Möglichkeit, sich selber kennenzulernen. Die Grenzen der eigenen Belastbarkeit zu prüfen und mehr über sich selbst zu lernen. In unserer hochtechnisierten Welt, in der jeder Schritt als gesichert gilt, in der wir uns meist schon morgens sicher sind, was wir abends tun werden – in solch einer eng gewordenen Welt gibt es nur noch wenig Möglichkeiten, die eigenen Grenzen und Fähigkeiten zu testen und zu beweisen.
Die Tatsache, daß sich in jedem Jahr so viele Menschen für die Teilnahme an den Camel-Trophies bewerben, zeigt, daß der Wunsch, mehr über sich und diese Welt zu erfahren, überall vorhanden ist.
Den Teilnehmern an den jeweils 1000 Meilen Abenteuer war diese Erfahrung der Verzicht auf Bequemlichkeit, Komfort, gewohnte Nahrung ebenso wert wie die freiwillig gewählte Aufgabe, sich durch Regen und Schlamm, durch unwegsames Dickicht und achstiefe Furten, über staubtrockene Pisten quer durch den Dschungel ihren Weg zu suchen. Der Kampf gegen Moskitos und Blutegel, gegen Hunger und Durst, gegen Müdigkeit und Verzweiflung wurde für alle Teilnehmer der Camel-Trophies nicht nur zu einem Sieg über die härtesten Dschungelpisten dieser Welt, sondern vor allem zu einem Sieg über sich selbst.

Transamazonica

„Auf der längsten Straße der Welt
durch den Amazonasdschungel“

Ein Kinderspielplatz im Dschungel: Schlammlöcher statt Sandkästen, Urwald statt Spielwiese.

Die Transamazonica '80 fand statt auf der gleichnamigen Straße – der „Straße des Jahrhunderts", wie sie die brasilianische Regierung stolz nennt. Die Fahrer, die sich über die Dschungelpiste aus rotem Staub, Dreck und Schlamm quälen, haben sie „Straße der Tränen" getauft – eine Straße, die keinen Fehler verzeiht.

Das „Abenteuer Amazonas" beginnt in der Zivilisation. In Belém. Die Stadt mit 200 000 Einwohnern bewacht die Amazonasmündung. Sie ist geprägt vom Charme einer langsam verrottenden portugiesischen Architektur mit gekachelten Haus- und Kirchenwänden, vielfach gedämpften Farben unter einem wolkenverhangenen Tropenhimmel und Straßen, in denen ein süßlicher Geruch von Fäulnis und Moder lastet.

Um 6 Uhr früh erhalten wir unsere Jeeps, die von jetzt an für uns Fahrzeug, Wohnung und Bollwerk zugleich sind. Auf jeden Fall Material, dem wir vertrauen müssen. Wir vertrauen – und das ist unser erster Fehler. Erst später – fast zu spät – erfahren wir, daß die Transamazonica keinen Fehler zuläßt. Sie rächt sich bitter für jede Unterschätzung und für jede Überheblichkeit.

Seit Ende der Regenzeit hat es nicht mehr geregnet. Die längste Straße der Welt zeigt, was sie von dem verlangt, der sie bezwingen will: Härte. Dichte rötliche Staubwolken, von den vor uns fahrenden Jeeps in die feucht-schwere Luft gewirbelt, lassen trotz der glühenden Sonne nur wenige Meter Sicht zu. Die Wagen tanzen und rütteln auf der von tiefen Rissen und Querrinnen durchzogenen Piste. Schon nach wenigen Kilometern wissen wir, was wir morgens falsch gemacht haben: Wir haben falsch ge-

Millionen von Bäumen wurden von den Straßenbauern gefällt, hunderte von Brücken gebaut, einige Milliarden Kubikmeter schlammiger, roter Lehmerde wurden bewegt, um die Piste in einigen Tälern bis zu 50 Meter hoch aufzuschütten. Die Instandhaltungskosten sind gigantisch - und nutzen nichts, weil der Urwald stärker ist.

staut. Das Gepäck macht sich selbständig. Wir müssen anhalten und neu packen. Wertvolle Zeit geht verloren. Der Kampf gegen die Zeit ist die andere Seite des Kampfes gegen die Strecke – und die Angst davor. Um 18 Uhr kommt die Nacht. Schlagartig. Als würde ein dunkles Rollo über den Himmel gezogen.

Danach kann man nur noch im Schneckentempo fahren, weil im tanzenden Scheinwerferlicht Schlaglöcher und Risse schwer auszumachen sind. Wer keinen Achsbruch riskieren will, fährt nach Einbruch der Tropennacht, als hätte er Glas zu transportieren.

Wir haben das Glück der Anfänger. Als wir den Tocantins erreichen, malt die Sonne noch silbernglänzende Kringel auf seine trägen, sich zum Amazonas wälzenden Fluten. An der Fährstation steht eine lange Schlange von Lkws. Sie sollen Lebensmittel, Werkzeug und Goldsucher nach Maraba bringen, dem neuen „Eldorado" Brasiliens.

Auf die Fähre – ein brüchiges Holzfloß, von einem schwindsüchtigen Tug-Boat geschoben – gelangt man nur, wenn ein mit wichtigem Gesicht umherstolzierender Polizist sein gnädiges Einverständnis dazu gegeben hat. Das gibt er nur, wenn er von der Dringlichkeit der Überfahrt überzeugt ist. Und überzeugt ist er erst dann, wenn man die Dringlichkeit beweisen kann.

Unsere Argumente sind die besten: zwei Stangen Zigaretten und ein paar T-Shirts für die Schönen des Sheriffs. Mit hochmütiger Miene und herablassendem Lächeln dirigiert der Ordnungshüter unsere Jeeps an der Schlange der Trucks vorbei. Die Fahrer, die seit Tagen im Schlamm der Uferböschung warten, tragen es mit Fas-

Von Horizont zu Horizont dehnt sich das endlose Band der Transamazonica, gesäumt von Sekundärwald und tropischem Regenwald. So unendlich wie die Straße, so vielfältig ist ihr Aussehen: mal knochentrokkene Waschbrettpiste, mal bodenloser Schlamm.

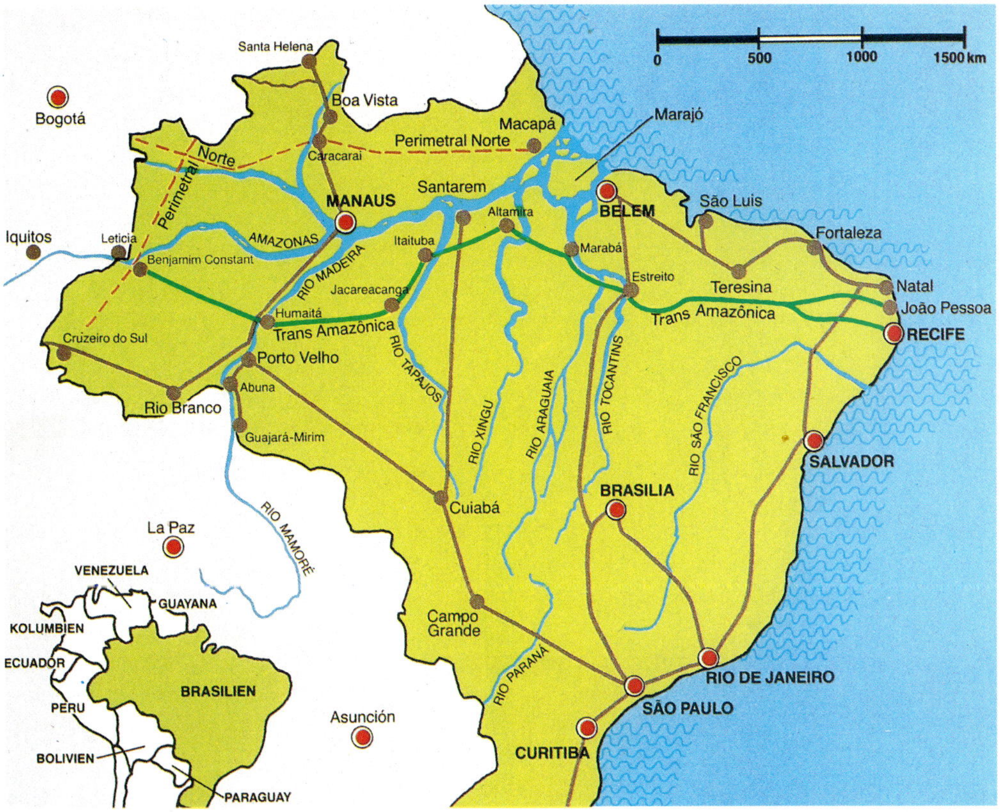

Die Transamazonica war die erste Tour der Camel-Trophy. Sie führte quer durch den brasilianischen Busch entlang der „Straße der Tränen".

An manchen Stellen ist die Piste leichter mit dem Fahrrad zu bewältigen als mit schweren Trucks oder den „Trophy"-Jeeps.

Die toten Stümpfe der Urwaldriesen, die über den nachdrängenden Sekundärwald ragen, sind stumme Zeugen früherer Brandrodungen durch Siedler, die ihr mageres Ackerland längst wieder verlassen haben.

sung. Sie wissen: hier zählen nur gute Gaben.

Als die Fähre das nördliche Ufer des Tocantins erreicht, geht die Sonne unter. Es ist 18 Uhr. Die Nacht beginnt. Die vor uns liegenden 80 Kilometer fahren wir mit „Orchesterbegleitung". Denn wenn es dunkel wird, beginnt der Busch zu leben.

Wir halten immer wieder an. Wir müssen halten, weil die Nerven und die Augen ihr Spiel mit uns treiben. Man sieht Schlaglöcher, wo keine sind, reagiert zu spät und kracht in Spalten und Risse, die auf der irrlichternden Piste nicht auszumachen sind. Ständig haben die Fahrer den Fuß auf der Bremse, weil rote Lichter davor warnen, auf den Vordermann aufzufahren – obwohl der seit unendlichen Minuten im Dunkel verschwunden ist. Die Angst, die Piste zu verfehlen, auf einem trügerischen Pfad ins Nichts zu geraten, gaukelt den Fahrern eine gefährliche Mischung aus Wirklichkeit und Wahrscheinlichkeit vor die brennenden Augen. Wie in Trance treffen sie immer die richtige Entscheidung.

Endlich, gegen 21 Uhr, werden aus Irrlichtern Laternen: Maraba. Eine Stadt mitten im Dschungel. Eine Stadt wie aus dem Wilden Westen, den wir früher im Kino be-

Auf der Fähre nach Itaituba: Lkws und Busse, die Goldgräber in die Camps bringen, und die Wagen der Camel-Trophy. Obwohl das Schild auf dem Fährboot verkündet, daß die Überfahrt kostenlos ist, gibt es viele Gründe, dem Fährmann für die Überfahrt zu danken – vorher. Denn sonst gibt es keinen Platz auf dem Boot, oder der Motor des Schiffes gibt plötzlich seinen Geist auf.

Blumen wie diese Paradiesvogelblume sind eine Seltenheit entlang der Transamazonica. Die bunte Pracht von Orchideen versteckt sich im obersten Stockwerk des Urwalds.

staunten. Flache, eingeschossige Häuser, die schnell gebaut wurden, um schnell wieder zu verfallen. Die Straßen noch löcheriger und rissiger als die Transamazonica. Überall Berge von verwesenden Abfällen, um die sich kaum die Hunde kümmern. Hier haben noch nicht einmal die Tiere Zeit. Hier zählt nur eines – und das fordert alles: GOLD.

Wir hatten in dem einzigen Hotel der Stadt Monate vorher Zimmer und Betten bestellt. Für zwei US-Dollar pro Bett. Dafür kann man sich hier eine Woche lang einen Leibwächter mieten. Doch als wir das Hotel „Maraba“ schließlich erreichen, erklärt uns der Besitzer mit bedauerndem Lächeln, daß Zimmer und Betten von Goldgräbern – Garimpeiros – in Beschlag genommen worden sind. Für umgerechnet 50 US-Dollar pro Bett habe er schließlich unsere Reservierung „vergessen“ müssen. Es täte ihm schrecklich leid, aber so sei es nun einmal: Wochenlang stünde das Hotel leer, und niemand könne sich den Komfort leisten – na ja, und dann käme eben alles zusammen.

Wo immer entlang der Transamazonica sich ein paar Hütten und Häuser zu einer Siedlung formen, gibt es auch bald Etablissements, die für die Zerstreuung der durchziehenden Abenteurer sorgen.

„Sie werden verstehen, Senhores, das Gold habe ich in der Hand. Aber weiß ich, ob Sie wirklich hier ankommen?" Wir verstehen.

Alberto und Luiz, unsere beiden brasilianischen Mechaniker, machen sich auf die Suche nach einer Bleibe für die Nacht. Stunden später tauchen die beiden grinsend in dem blaustichigen, die Front des Hotels kaum erhellenden Licht der einzigen drei Straßenlaternen Marabas wieder auf: Alles klar! Wir haben ein neues Logis. Der Trupp der Gringos folgt den beiden Brasilianern. Wir kommen zu einem schwachbeleuchteten Bau, in dem eine fettglänzende Matrone ein Dutzend Mädchen in die Küche scheucht. Als sie verschwunden sind, werden uns die Zimmer gezeigt, in denen sonst die Mädchen den Garimpeiros zeigen, was das Gold wert ist.

Obwohl die Betten frisch bezogen sind, entscheiden sich die meisten von uns dafür, in der Hängematte zu schlafen. Wer im Bett übernachtet, verflucht am nächsten Morgen seinen Leichtsinn. Neben den unvermeidlichen Moskitostichen haben Flöhe und Wanzen ihre erhabenen Spuren hinterlassen. Jürgen, unser Arzt, verteilt Salben und Öle, die zumindest den Juckreiz lindern sollen. Als wir zum Frühstücken gehen, murmelt Alberto, der schwarze Macumba der weißen Medizin immer vorziehen würde: „Das nutzt doch nichts! Was ist schon drin in euren Flaschen und Dosen? Das einzige, was hilft, ist der Dreck. Ihr wascht euch einfach viel zu oft."

An dem wachstuchüberzogenen Tisch sitzen gemeinsam mit uns die inzwischen nach Kernseife duftenden „Lilien der Nacht" und eine Gruppe ehrwürdiger Greise, die hier jeden Morgen ihr Gnadenbrot

Frauen, Essen, Trinken – nach monatelangem Schuften im Busch ist dies für die Garimpeiros das Paradies. Ein teures Paradies, aus dem sie in die Hölle des Urwalds zurückgejagt werden, wenn ihr Gold ausgegeben ist. Und die Kinder werden den vergessenen Vätern nachgeschickt, noch ehe sie aufgehört haben, Kinder zu sein.

Hotels, Pensionen, Bordelle, Kneipen, Läden – in Itaituba erfahren die Goldgräber, was der unter Qualen gewonnene Goldstaub wirklich wert ist. Für die meisten von ihnen endet der Rückweg in die Zivilisation schon hier.

essen dürfen, einfach weil sie die Ältesten in dieser zeitlosen Stadt sind. Wir sind Exoten für sie: Gringos, die es nicht besser wissen und darum in die grüne Hölle fahren. „Wollt ihr Gold machen?" „Nein." – „Warum seid ihr dann hier?" „Einfach, um hier zu sein und weiterzufahren." Abfälliges Kopfschütteln. „Entweder ihr habt zuviel, oder ihr seid zu jung."

Das karge Frühstück wird mit einer Flasche Cachassa (Zuckerrohrschnaps) ergänzt. Und langsam werden die kahlen Graubärte redselig und erzählen uns ihre abenteuerlichen Geschichten.

Die Legende vom Gold – Maraba

„Wer hier fällt, steht nie wieder auf."

Die Sandwüste Nevadas oder die Schneewüste Alaskas, die sengende Hitze der australischen Steppe oder das tödliche Treibhausklima des brasilianischen Amazonasdschungels – der Schrecken dieser Höllen war nie groß genug, um gesunde junge Männer oder alternde Abenteurer davon abzuhalten, dem

Die Transamazonica nach einem Regenguß: achstiefer Morast, der die Geländewagen mit einer dicken, schmierigen Soße zudeckt. Noch ein paar Stunden Regen, und die Piste wird zu einem bodenlosen Schlammloch, aus dem die Fahrzeuge mit den Händen ausgegraben werden müssen.

Das ist kein See, das ist die Straße – die Alptraumstraße der Welt! Eine Straße, auf der die Autos Bugwellen vor sich herschieben.

Lockruf des Goldes zu folgen. Der Sturm auf Klondyke ist ebenso zur Legende geworden wie die Nuggets von Sacramento.

Mitten im Amazonasdschungel, in Maraba, entsteht gerade eine neue Legende. In den Großstädten des Südens – in Rio de Janeiro, São Paulo, in Belo Horizonte in Minas Gerais –, überall sitzen die Männer abends in den Kneipen und erzählen sich mit sehnsüchtig glitzernden Augen die Geschichten vom glitzernden Gold aus Maraba. Nuggets von 80 Kilo Gewicht sollen gefunden worden sein. In weniger als einem Monat sollen die Garimpeiros im Busch ein Vermögen machen. Begierig lauschen sie, wenn von dem Lastwagenfahrer erzählt wird, der seinen Truck vor der Fähre über den Tocantins hat stehenlassen und einfach in den Busch gegangen ist. Sein Chef erfuhr davon und machte sich auf nach Maraba, um Lkw und Ladung sicherzustellen. Bei seinem Eintreffen dort war aber auch der Lastwagenfahrer wieder da. Als sein Chef ihn feuern wollte, zog er lächelnd einen Pakken bankfrischer Dollarnoten aus

Eine typische Amazonas-Landschaft: Die Natur verliert sich im Sumpf.

Der chinesische Roseneibisch (Hibiscus rosa sinensis), auch als Rose von Hawai bekannt, ist unter den Blumen das Symbol für die Tropen. Die Blüten öffnen sich frühmorgens und sind nach zwölf Stunden verwelkt.

Der doppelte Tod

Fünfmal brach ein kleiner Buchhalter des Arsenals der französischen Marine in Toulon auf, um seinen verschollenen Sohn in den Dschungeln Südamerikas zu suchen. Aber der zwanzigjährige Raymond Maufrais blieb verschwunden. 1950 entdeckte ein Indio sein Tagebuch am Ufer eines Flusses in Französisch-Guyana. Es enthält folgende dramatische Episode aus dem Gebiet des oberen Amazonas.

Es muß gegen elf Uhr gewesen sein, als ich erwachte. Als ich mich umblickte, entdeckte ich am Sandstrand, der den Fluß säumte, ein hölzernes Kreuz, das achtlos am Boden lag. Einer erzählte mir, daß früher da ein Grab gewesen sei - bis der Wind die Erinnerung daran ausgelöscht hatte. Jetzt lag nur noch das Kreuz dort.

„Das Grab enthielt zwei Skelette, die sich eng umschlungen hielten", sagte der Mann. Ich zweifelte. Da erwiderte er: „Ich werde dir die Geschichte so erzählen, wie sie mir berichtet wurde von den Männern, die das Grab aushoben".

Vor Monaten war einer ihrer Freunde, ein Jäger und Fallensteller, in seinem Boot den Rio das Mortes hinuntergefahren, obwohl die Regierung das Betreten des Chavate-Territoriums verboten hatte. Als keine Nachricht von ihm kam, entschlossen sich seine Freunde, der Spur zu folgen. Eines Tages, an eben diesem Strand, machten sie eine grausige Entdeckung. Sie fanden das Skelett eines Mannes und das eines Krokodils in enger Umschlingung. Ihr Fleisch hatten die Roten Ameisen bis auf die letzte Faser abgenagt. Was für ein merkwürdiger Vorfall mochte zu dieser Tragödie geführt haben?

Die Freunde untersuchten die Knochen - und da wurde ihnen klar, was sich hier abgespielt haben mußte: der Jäger hatte ein Krokodil von außerordentlicher Größe geschossen. Als er es abhäuten wollte, erwischte das Tier in einer letzten Todeszuckung den Mann am Oberschenkel und ließ ihn nicht mehr los. Der Unglückliche versuchte verzweifelt, sich aus den starren Kiefern des verendenden Reptils zu befreien, verlor dabei immer mehr Blut, und Parasiten krochen in seinen zerfetzten Oberschenkel. Schließlich wurde er ohnmächtig und starb - bis zuletzt vergeblich bemüht, das tote Krokodil von seinem Bein zu reißen, in das es sich verbissen hatte. Die Ameisen erledigten dann den Rest. Die Freunde begruben das merkwürdige Paar, so wie sie es gefunden hatten, und stellten ein Kreuz auf. Es war das gleiche Kreuz, das jetzt im Sand lag ...

Als diese Zeilen 1955 veröffentlicht wurden, brach der Vater zu seiner sechsten Suchexpedition auf. Von dieser kehrte er nicht mehr zurück. Er blieb in den Dschungeln Südamerikas verschollen wie sein Sohn.

In der Nacht ist einer der Jeeps in Brand geraten. Jetzt suchen die Trophy-Fahrer nach Gegenständen, die das Feuer überstanden haben. Doch außer dem ausgebrannten Wrack und den beiden Fahrern ist alles in den Flammen geblieben.

der zerrissenen Hose und fragte: „Was soll er kosten, dein Lkw?" Es gibt ebenso viele Geschichten, wie es Nebenflüsse des Amazonas gibt, und alle berichten nur vom Gold und vom Glück.

Deswegen brechen Tausende und Abertausende in den Norden auf. Wie ein Magnet zieht Maraba sie an. Die Stadtverwaltung – die inzwischen alle Versuche, den Goldrausch zu kanalisieren und Recht und Ordnung wenigstens dem Schein nach zu wahren, aufgegeben hat – rechnet damit, daß Marabas Einwohnerschaft von 15 000 auf über 100 000 anwächst – in etwa zwei Monaten.

Schon jetzt platzt diese Stadt aus brüchigen Holzbuden und grellfarben getünchten Lehmhäusern aus allen Nähten. Strom und Wasser sind schwerer zu bekommen als Gold. Eine medizinische Versorgung gibt es nicht. Verbrechen aller Art sind an der Tages- und vor allem an der Nachtordnung.

Aber was interessiert das die Garimpeiros. Sie ziehen mit Goldpfanne, Hacke, Schaufel, Gewehr, Machete und einem Sack voll Maniokmehl in den Busch, um das große

Richard und Manfred vor dem ausgeglühten Rest ihres stolzen Geländewagens. Ein Riß in der Motorhaube, ein defekter Vergaser, ein undichter Reservekanister und eine Holperpiste – da wurde der Wagen zur Fackel.

Glück zu finden. Viele von ihnen kommen in der grünen Hölle elend um, ohne daß je etwas über ihr Schicksal bekannt wird. Wer hier fällt, steht nie wieder auf. Was Malaria, Lepra, Ruhr und Typhus nicht schaffen, das schafft vielleicht eine Gewehrkugel oder ein Messer.

Die Wenigen, die aus dem Busch zurückkehren mit einem Beutel voll mühsam dem Boden entrungener

Spuren im Schlamm: Wer durch die Hölle will, der muß verteufelt gut fahren. Denn wer diese Höllenpiste zu leicht nimmt, der hat es schnell sehr schwer.

Nuggets, sehen sich Gefahren gegenüber, die größer sind als alle überstandenen Gefahren des Dschungels.

In Maraba warten die Hyänen auf ihre Beute. Ein Schluck Wasser kostet bereits ein Vermögen. In den Bars und Kneipen locken Schnaps, Bier und Mädchen den Garimpeiros das Gold aus dem Beutel. So mancher von ihnen ist abends mit einem märchenhaften Goldfund nach Maraba gekommen und war am nächsten Morgen so arm wie vorher.

Wer sich gegen die Lockungen der Dschungelstadt immun zeigt, ist deshalb aus der Gefahr noch nicht heraus. In Maraba kann man zwar alles mit Gold bezahlen und alles mit Gold kaufen – aber in den Städten der Zivilisation zählt nur das Geld. Also müssen die Goldgräber ihre Nuggets umtauschen. Und die Goldhändler sind wie Piranhas. Sie lassen den Garimpeiros nichts. Gefälschte Waagen, abgesprochene Preise weit unter dem Weltmarktniveau und massive Drohungen dienen dabei als bewährte Mittel, um ihr Ziel zu erreichen.

Mit den Garimpeiros sind die Leute nach Maraba gekommen, die von den Goldgräbern leben: Prostituierte, Gangster und Bankiers. Die Infrastruktur dieser Stadt wird weitgehend von Asiaten, überwiegend Japanern, beherrscht: sie kontrollieren den Goldhandel und die Kneipen. Sie sind die eigentlichen Gewinner des „Gold-Rush" in Maraba. Für die Garimpeiros, die dem Urwald das Gold abtrotzen, bleibt meistens nur der Weg zurück dahin, woher sie gekommen sind: ins Elend der großen Städte.

Bis Maraba war die Transamazonica eine Zumutung, jetzt wird sie zur Qual. Geradeausfahren ist un-

möglich. Tiefe Schrunden, canyonartige Ausspülungen, Risse und Löcher zwingen die Fahrer zu einer Samba mit dem Jeep. Die Worte von Luiz klingen plötzlich ganz anders als am Morgen, nachdem er uns aus der Faszination gerissen hatte, in die wir durch Geschichten und Cachassa geraten waren. „Warum hört ihr dem Geschwätz der alten Männer zu? Die Transamazonica kann euch viel mehr erzählen. Jedes Schlagloch ist der Fluch eines Lastwagenfahrers. Wenn ihr nicht aufpaßt, trifft euch der Fluch."

Es müssen schon viele, viele Lkws hier gefahren sein. Doch wir begegnen nur wenigen. Hinter Maraba ist tiefe Wildnis. Hier fährt nur

So wie hier: Nur ein Moment der Unachtsamkeit, und der Wagen springt von der Waschbrettpiste über die Böschung ins Unterholz.

Eine Tankstelle an der Transamazonica. In den rostigen Tonnen mischt sich Diesel mit Regen und Staub. Die Pumpe wird durch ein Stück Schlauch ersetzt, durch den der Treibstoff angesogen wird.

selten noch ein Wagen. Während des ganzen Tages bekommen wir bloß drei zu Gesicht – davon liegt einer auf dem Dach unten neben der Piste. Die Transamazonica duldet keine Fehler. Wer meilenweit auf dieser Höllenpiste durch Urwald und Steppe fahren will, der muß verteufelt gut aufpassen, sonst frißt ihn die Straße.

Aber zunächst fressen wir. Und zwar die Piste. Der staubfeine rote Sand hüllt uns ein wie der Dampf einer Sauna. Wir atmen diesen Dreck, wir schlucken diesen Dreck, und wir werden selbst zu diesem Dreck.

Wie weit ist Belem? Was ist Europa? Das tückische Gleichmaß des Urwalds, das Gleiches immer nur verspricht, aber nie hält, hält uns gefangen. Das unendliche Band der „Straße der Tränen" gerinnt zu einem Film, in dem wir uns erschreckt manchmal wiederfinden. Ein Schrecken, der den Wunsch nach Wiederholung weckt. Erneut überfällt uns die Nacht, bevor wir unser Ziel erreicht haben. Vom Wetterleuchten zerrissene Dunkelheit umgibt uns. Nur die tanzenden, kreisenden, zitternden Kegel der Scheinwerfer zeichnen trügerische Wegweiser in die Schwärze der Nacht. „Hier ist es so dunkel wie zu Hause", beruhigt der Verstand. „Nur kennst du den Weg nicht", spottet die Einsicht. Die Schwärze drückt, lastet auf uns, treibt den Schweiß aus allen Poren, obwohl die Hitze des Tages vorüber ist. Die Hitze der Nacht ist die Angst.

In Bigodes Churrasceria zählt der Tag auch, wenn es Nacht ist. Der geschäftstüchtige Wirt der Taverne – oder besser Kaschemme, die Grenzen verschwimmen auch hier – begrüßt uns mit Zuckerrohrschnaps, Marke Eigenbrand.

Als wir unsere Hängematten endlich aufgespannt haben, tanzen die Ratten auf den Balken und die Schweine in der Küche. Der Morgen bringt tiefhängende Wolken, drückende Schwüle und zu dünnen Kaffee. Während wir unser Gepäck überprüfen, prüft Bigode zufrieden grinsend einen prallen Packen Cruzeiroscheine. Den ganzen Tag über knallt unbarmherzig die Sonne auf uns herab. Die Transamazonica zeigt sich von einer ihrer weniger freundlichen Seiten. Bei Einbruch der Nacht sind wir noch etwa 20 Kilometer vom Etappenziel entfernt. Den ganzen Tag über hat es Schwierigkeiten mit dem Vergaser gegeben. Jetzt macht sich der auf der Motorhaube montierte Ersatzreifen selbständig. Das ständige Rütteln hat zwar nicht die Halterung gelockert, aber dafür werden die Risse in der Motorhaube immer tiefer und breiter. Und der Reservekanister links vorn hat keinen Verschluß mehr und schwappt seinen Inhalt über die Motorhaube.

Das merken wir erst, als Richard auf den penetranten Benzingestank hinweist. Da ist es fast schon

Eine der vielen Sonderprüfungen, die die Fahrer nach den strapaziösen Streckenfahrten absolvieren müssen, um Punkte zu machen. Eine Flußdurchfahrt, bei der sie ihren Weg selber finden müssen. Nicht reine Kraft zählt hier, sondern ein kühler Kopf und großes Können.

zu spät. Vorn links schießt aus der Motorhaube eine Stichflamme. Sofort steht der Jeep in Flammen. Ich schreie: „Raus hier, das Teufelsding geht hoch!" Manfred sucht verzweifelt nach dem Feuerlöscher, Richard rüttelt an der verklemmten Tür. Irgendwie schaffen wir den Weg ins Freie. Beim Hinausfallen greife ich blindlings nach links und rechts, reiße an mich, was ich an Gepäck fassen kann und renne in die Dunkelheit. Manfred und Richard keuchen hinter mir her. Die Flammen haben jetzt den ganzen Wagen erfaßt – der Jeep kann jeden Moment explodieren! Richard stolpert noch einmal zurück zum Wagen, zerrt einen Koffer aus den Flammen und bringt sich schnellstens wieder in Sicherheit, Stich-

Rote Ameisen

„Wenn die Ameisen kommen, flüchten die Siedler".

Die *Formica sanguinea latr.*, die Blutrote Feuerameise, ist der Schrecken der Siedler am Amazonas. Sie ist nicht die größte unter den hier bis zu zehn Zentimeter großen Ameisenarten, aber mit die unangenehmste. Vor ihrer Freßlust ist nichts sicher, was nicht an Schnüren hängt, die mit einem insektenabweisenden Mittel präpariert wurden. Die Feuerameise frißt sogar die Stärke aus der Kleidung. Ihr Biß brennt unerträglich – daher der Name. Es kommt vor, daß Siedler eine Region verlassen, wenn die Heerscharen der roten Ameisen im Vormarsch sind.

Die Vettern der Feuerameisen, die Blattschneiderameisen (Altini), können über Nacht eine Pflanzung völlig kahlfressen. Im Wald richten sie nur deswegen keine solchen verheerenden Schäden an, weil die von ihnen bevorzugten Bäume und Pflanzen weit auseinander stehen.

Wie vor den Feuerameisen nimmt auch vor der *Toaca*, einer fleischfressenden Ameisenart, alles Reißaus. Die Kolonnen ziehen mit einem leisen Zischen durch den Wald und suchen hinter jedem Zweig und jedem Blatt nach Nahrung. Der Kadaver eines kleinen Tieres wird von ihnen in wenigen Minuten sauber skelettiert.

Sich darauf zu verlassen, daß Ameisen immer in Bodennähe zu finden sind, kann fatale Folgen haben. Die Blutrote Feuerameise bevorzugt als Wohnsitz den von Hohlräumen durchzogenen Cecropia-Baum, den sie als natürliches Nest schätzt. Eine Rast unter Cecropias beweist dem Unvorsichtigen, daß der Biß der Feuerameise wie Wespenstiche schmerzt.

Ein Siedlerhaus am Rand der Transamazonica. Die Wände aus luftgetrockneten Lehmziegeln, das Dach aus Holzschindeln und flachgedrückten Blechbüchsen. Im Inneren ein einziger Raum für Mensch und Tier.

Wenn man zum erstenmal vor einer solchen Brücke steht, denkt man, die Trophy sei zu Ende. Es geht nicht weiter. Doch wer will schon allein im Busch liegenbleiben? Also findet man eine Möglichkeit, auch über eine solche Brücke zu kommen. Man reißt vorn stabile Balken weg und baut die Brücke Stück für Stück neu.

Eine Luftaufnahme vom Rio Tapajos – eine klare Trennlinie zwischen Wasser und Wald gibt es nicht. Unpassierbare Sümpfe, in denen Krokodile lauern, ziehen sich kilometerweit entlang der Ströme, die den Amazonas auf seiner 7568 Kilometer langen Strecke speisen.

flammen lodern aus dem Jeep auf. Wir stehen zitternd am Rand des Feuerscheins und können es nicht fassen. Der Wagen ist hin – aber wir sind am Leben und unverletzt. Mit zitternden Händen machen wir Fotos von dem brennenden Wrack.

Plötzlich fragt aus dem Dunkel eine Stimme auf portugiesisch: „Sind Sie verletzt?" Taschenlampen blitzen auf. Um uns herum stehen zehn oder fünfzehn Siedler. Sie haben den Feuerschein bemerkt und sind zur Unglücksstelle geeilt. Gastfreundlich bieten sie uns an, die Nacht in ihren Hütten zu verbringen. Wir lehnen dankend ab und erklären radebrechend, daß wir hier warten möchten, Freunde von uns würden bald eintreffen ...

Als wollte die Transamazonica uns über den Verlust des Jeeps hinwegtrösten, zeigt sich die Piste am

Wieder eine der sogenannten Brücken, über die die Transamazonica führt. Jeder Zentimeter muß geprüft werden, bevor man sich dann mit dem Geländewagen langsam über die morschen Bohlen schiebt.

Xingu-Indianer bei einem rituellen Wettkampf. Die rote Farbe soll Kraft und Macht symbolisieren.

Orientierungsfahrt quer durch den Urwald. Hier müssen sich die Fahrer ihren Weg selbst schlagen. Hitze, Feuchtigkeit, Moskitos und die Stoppuhr bestimmen das Tempo, mit dem die Macheten den Weg freischlagen.

nächsten Tag von ihrer besten Seite. Sie ist nicht schwieriger zu befahren als eine Forststraße. Immer wieder weicht der dicht an die Straße drängende Busch zurück und gibt den Blick frei auf offensichtlich wenig ertragreiche Pflanzungen und armselige Siedlerhütten.

Am Anapu, einem der zahlreichen Nebenflüsse des Amazonas, machen wir Rast. Hier gibt es keine Rodungen. Die tropische Üppigkeit des Urwaldes fesselt uns. Auf den sanft und träge dahinfließenden Wellen fischen Indioabkömmlinge in Einbäumen. Obwohl Alberto und Luiz uns vor Piranhas warnen, nehmen wir ein Bad in den warmen Fluten. Eine köstliche Erfrischung, auch wenn man nur Minuten später wieder naß ist – vom Schweiß. Am Abend des folgenden Tages zerreißen grelle Lichter die inzwischen vertraute Idylle der Dämmerung. Vor uns liegt Itaituba. Eine pulsierende Dschungelstadt, seit Jahren beherrscht von einem magischen Wort: GOLD. Doch anders als in Maraba, wo jeder für sich sein Glück im Busch sucht, ist hier alles organisiert.

Ein kleiner Flughafen mit etwa 50 einmotorigen Maschinen hält die Verbindung zu den einzelnen Garimpos, den Abbaustellen, aufrecht. Hier hat Jose Candido de Araujo das Sagen. Ihm gehören die Maschinen, ohne die im tiefen Dschungel niemand überleben kann. Seine Flugzeuge bringen Lebensmittel, Werkzeug, manchmal Mädchen und holen Gold und die Schürfer. Jose sorgt dafür, daß das Edelmetall, das die Glücksritter unter Strapazen dem Boden abringen, schnell in Cruzeiros umgewandelt wird.

Im Hospital von Itaituba zeigt Dr. Figeiredo, was der Goldrausch sonst noch mit sich bringt: Männer, deren Hoffnung auf schnelles Glück mit Messerstichen und Revolverschüssen beendet wurde. Daneben zum Skelett abgemagerte Patienten im Malariakoma.

Malaria und Darmerkrankungen sind die größten Probleme der beiden Ärzte, die hier im Umkreis von rund 1000 Kilometern das einzige Hospital leiten. Trotz kostenloser Malariaprophylaxe nehmen die Bewohner der Tapajosregion die schützenden Medikamente nicht ein – oder alle auf einmal. Trotz aller Warnungen der Ärzte trinken sie

Biotop Urwald

„Etagenbau ohne Kellergeschoß"

Die Üppigkeit des tropischen Regenwaldes gleicht einem Garten Eden. Im Blätterdach des Amazonasdschungels finden sich fast die Hälfte der 8600 bekannten Vogelarten dieser Erde. Allein 319 Kolibriarten haben Ornithologen hier entdeckt. Zum Vergleich: im übrigen Amerika gibt es ganze 18.

Im brasilianischen Urwald hat das einzige ausschließlich im Wasser lebende Beuteltier der Welt sein Revier – das Yapok oder Wasser-Oppossum. Der Beutel des Weibchens schützt die Jungen beim Schwimmen und Tauchen.

Ameisenbär, Faultier, Jaguar sind die größten Säugetiere am Amazonas. Daneben gibt es eine verwirrende Vielzahl von Affen-, Schlangen- und vor allem Insektenarten.

Jeder Eingriff in den Lebenskreislauf des Waldes macht aus dem Paradies eine Wüste. Die Fruchtbarkeit des Tropenwaldes läßt sich nicht kultivieren.

Deswegen ist das Siedlungsprogramm der brasilianischen Regierung, mit dem Tausende von Slumbewohnern an den Amazonas gelockt wurden, zum Scheitern verurteilt. Schaden erleiden nicht nur die Siedler, die nach der hier üblichen Brandrodung des Urwaldes maximal drei Ernten erreichen und dann das nächste Stück Dschungel niederbrennen. Schaden entsteht auch in anderen Teilen Brasiliens – und möglicherweise in der ganzen Welt! Denn nach den Siedlern kommt die Steppe: ein magerer Sekundärwald mit niedrigem Pflanzenwuchs. Der Kahlschlag hat Auswirkungen auf das Klima, seit Jahren ist im Nordosten Brasiliens der Regen ausgeblieben. Aber der Raubbau geht weiter.

Der Amazonas-Wald ist vergleichbar mit einem Etagenbau: vom Waldboden bis zu den Baumkronen sind es fünf Stockwerke. Das oberste Stockwerk, sozusagen das Penthouse, besteht aus den weit ausgebreiteten, schirmartigen Kronen der höchsten Bäume. Hier spielt sich das Leben des Waldes ab. Diese bis zu 40 Meter hohen Wipfel lassen das Licht bis zum vierten Stock durch, zu den wie ein Mop geformten, ebenfalls weit ausladenden Kronen der mittelgroßen Bäume. Weiter unten, zwischen fünfeinhalb und zwölf Meter hoch, folgen die schmalen, dicht verfilzten Kronen der Bäume des dritten Stockwerks. Im darunterliegenden Dämmer vegetieren Farne, Kräuter, Sprößlinge und Gestrüpp.

Eine Humusschicht gibt es nicht. Was auf den Boden fällt, wird sofort von Insekten umgesetzt. Pilze, die mit den Bäumen des Urwaldes eine lebenssichernde Symbiose eingegangen sind, speichern den in seine anorganischen Bestandteile zerlegten organischen Abfall sofort wieder in ihren Wirtspflanzen.

Die riesigen Urwaldbäume brauchen deswegen keine Wurzeln. Der Dschungel steht nur auf dem ausgelaugten Boden. Die üppige Vegetation befindet sich in den Kronen der Bäume. Wasser sammelt sich in kelchartig geformten Blättern und Blüten und wird entweder direkt in den Lebenskreislauf der Bäume geleitet oder über ein Äste und Stämme überziehendes Pilzgeflecht umgesetzt. Gleichzeitig bieten die Pfützen in Blüten und Blättern Insekten und Vögeln einen idealen Lebensraum.

Von alledem bleibt nach der Brandrodung nur eine dünne Schicht Asche auf dem dürren Boden. Gerade genug, um etwa drei magere Ernten einzubringen. Dann gibt der Boden nichts mehr her. Weil ihm der Urwald nie etwas gegeben hat.

Nur innerhalb der Stockwerke funktioniert der Lebenskreislauf. Wird er gestört, bricht das System zusammen – ohne Chance auf Regeneration für eine lange Zeit.

Frech, neugierig und laut: die Aras, die am Amazonas überall zuhause sind.

das Wasser, in das sie auch ihre Fäkalien leiten. „Statt vorbeugend zu helfen, müssen wir zusehen, daß wir hinterher die größten Schäden einigermaßen beheben", klagt Dr. Figeiredo und zuckt resignierend die Schultern.

Vor uns liegen jetzt noch zwei Tagesstrecken bis zum Ziel: Santarem, die Handelsmetropole am Zusammenfluß von Rio Tapajos und Amazonas. Die Fahrer holen aus sich und den Jeeps alle Reserven heraus. Wir sehnen uns danach, wieder in einem richtigen Hotel, in einem sauberen Bett zu schlafen, wollen duschen und die schmutzstarrenden Klamotten gegen saubere Kleidung austauschen.

Also geht es los zum vorerst letzten Kampf gegen die Transamazonica! Und die „Straße der Tränen" zeigt noch einmal alles, was sie zu bieten hat. Oder sie verschwindet einfach in aufgerissener, in zu mehlfeinem Sand vertrockneter oder bodenlosem Schlamm verwandelter Erde. Staub, Matsch und Schweiß vermengen sich und bedecken wie dicke rote Masken die Gesichter. Nur Zähne und Augen leuchten aus den verschmierten Fratzen.

Etwa zehn Kilometer vor Santarem: Das Rütteln und Schütteln des Wagens läßt das Verdeck immer bedrohlicher wackeln. Das Dachgestänge ist inzwischen gebrochen. Wen kümmert das noch! Solange das Benzin reicht, wird gefahren. Hoffentlich halten die Reifen. Plötzlich wird der Jeep in der Lenkung weicher. Die Bodenwellen sind zunehmend härter zu spüren. Hinten links ist ein Reifen platt.

Weiterfahren oder wieder im Dunkeln campieren? Ersatzreifen gibt es nicht mehr. Wir fahren weiter. Quälen uns auf drei Reifen über die Piste. Jeder Kilometer ein Kampf. Als wir endlich das Hotel „Tropical" erreichen, sind wir genauso kaputt wie unser Jeep. Erschöpft stolpern wir in die Eingangshalle. Doch der Portier will uns nicht empfangen. Er hält uns für Goldsucher oder Schlimmeres. Erst der Manager läßt sich davon überzeugen, daß diese ungewaschenen, abenteuerlichen Gestalten die Gringos sind, die hier Zimmer bestellt haben.

Hinter uns liegen 2500 Kilometer Transamazonica, fast zwei Wochen Dreck und Schweiß. Hat es sich gelohnt, ist die Sehnsucht befriedigt, war es schön? „Wenn es vorüber ist – ja!" meint einer.

Ein Fährschiff auf dem Weg von Itaituba nach Santarem. Kabinen gibt es nicht auf diesen Seelenverkäufern. Die Hängematte ersetzt die Kojen.

Wie ein Einschnitt zieht sich die Straße durch den Dschungel. Doch mit der Zeit verwischt der Urwald diese Spuren und drängt über die Transamazonica.

Der Amazonas mit seinen über 1000 größeren Nebenflüssen ist das größte Süßwasserreservoir der Welt. Im 5 870 000 Quadratkilometer großen Amazonasbecken fließt ein Fünftel des gesamten Süßwassers der Welt. Der Hauptstrom entspringt in 6000 Metern Höhe in den peruanischen Anden als winziger Gebirgsbach. An seiner Mündung ist der Amazonas 320 Kilometer breit und drängt seine Wassermassen bis 400 Kilometer ins Meer hinaus.

Menschen und Macher

„Entschuldigung, brauchen Sie Ihre Schuhe noch …?“

Andreas Bender aus Königstein/Taunus. Von Anfang an organisiert der 27jährige Expeditionsleiter die Camel-Trophies: durch die Dschungel Brasiliens, durch Sumatra und Papua-Neuguinea sowie in Zaire.

Warum ein Mensch ein Macher ist, Macher aber durchaus Menschen sein können – das dokumentieren am besten einige Episoden, die sich während der Camel-Trophy '82 in Papua-Neuguinea abspielten.

Da wurde einer der holländischen Journalisten krank: Hitzschlag, Austrocknung, Kreislaufkollaps. Er mußte nach Mount Hagen ausgeflogen werden, wo ein kühles Hotelbett und ein australischer Arzt Heilung versprachen.

Nun war kurz zuvor etwas ganz anderes geschehen: Der „Trophy"-Arzt hatte sich auf der heruntergelassenen Rückklappe eines Range-Rovers die Füße gewaschen. Während er sich die Socken über seine frischgesäuberten Gehwerkzeuge streifte, kroch ein kleiner Junge zwischen den Hinterrädern durch und stahl ihm die Schuhe. Die einzigen, die der Arzt dabei hatte. Eine Katastrophe! Barfuß durch die Hölle. 1000 Meilen auf Socken. Das Ende der medizinischen Begleittätigkeit? Aber da wurde der Journalist aus Amsterdam krank, und als der Doktor ihn ins Flugzeug verlud, fragte er listig: „Ach, entschuldigen Sie – die ‚Trophy' ist für Sie ja nun beendet, Sie liegen von jetzt an eh im Bett. Kann ich Ihre Schuhe haben?"

Der Patient – wie alle Kranken dem behandelnden Arzt stumm ergeben – händigte ihm seine Schuhe in der passenden Größe 42 aus und flog, nun selbst in Socken, der Gesundheit entgegen ...

Menschen und Macher.

Natürlich sind Macher erfahrener, das bedeutet: cleverer. Aber schnell werden aus Menschen Macher, wenn sie bereit sind zuzuhören, das heißt zu lernen. Ein oft schmerzhafter Prozeß, der indes

Oft hilft, wie hier am Amazonas, nur rohe Gewalt – und eine scharfe Machete. Wenn zum Beispiel ein Teilnehmer einen Umweg nehmen und dafür eine Piste quer durch den Urwald schlagen muß ...

Sie filmen auf steilen Berghängen, in feuchten Wäldern, staubigen Wüsten und bis zu den Hüften im reißenden Wasser stehend: die Kameraleute der Camel-Trophy. Wie hier Ritchie Neumann an einer Paßstraße in den Bergen von Sumatra.

Eine Sandpiste ins Nichts, ein Trucker, der sich angehängt hat, die gelben Team-Fahrzeuge und ein Teilnehmer unter der gleißenden Sonne Afrikas: das riecht meilenweit nach Männer-Abenteuer ...

Ein Spaßvogel in Landestracht: Es war in Zaire, als sich Andreas Bender bei einem Friseur an der Straße die Haare zu Antennen knüpfen ließ. Praktisch – und eine Reverenz an die lokalen Sitten und Gebräuche ...

häufig über Nacht abläuft, wie eine zweite Episode aus Papua-Neuguinea zeigt.

Eine zerstörte Brücke an einem späten Nachmittag. Ein Kameramann gerät in die Windenschlinge eines amerikanischen Teams und erleidet eine Brustkorbquetschung und Verbrennungen. Ein deutscher Journalist meldet sich freiwillig, den Verletzten durch die Nacht zur nächsten Stadt zu fahren. Die andern bauen die Brücke fertig und teilen sich dann. In Menschen und Macher.

Warum?

Es war schon dunkel, als sich ein Papua näherte. Ein Dorf liege in der Nähe, übersetzte der Dolmetscher, man sei herzlich eingeladen, der Häuptling würde sich durch den Besuch der Fremden außerordentlich geehrt fühlen und stelle für die Nacht eine große Hütte zur Verfügung. Die Macher nahmen sofort an. Die Menschen jedoch äußerten Zweifel: „Das sind doch immer noch Kopfjäger", vermutete ein holländischer Fahrer, und ein Deutscher meinte: „Nein, das ist mir zu riskant, schließlich habe ich zu Hause Familie." Vergeblich versuchten die Macher die Menschen zu überzeugen, daß es kaum liebenswertere Erdenwesen gibt als die Papuas.

Die Menschen fuhren los, hinter dem Krankentransport her, stundenlang und manchmal im Schritttempo auf der schmalen, abschüssigen Bergstraße. Und als sie in die Stadt Tari kamen, waren die Macher bereits hinter ihnen – ausgeruht, wohlverpflegt und trotz der genossenen Gastfreundschaft der Papuas viel schneller, weil sie bei Helligkeit hatten fahren können. Einige der Menschen kamen ins Grübeln ...

Einige der Macher sind: der 27jährige Leiter aller bisherigen „Trophies", Andreas Bender aus Königstein im Taunus. Dann, nicht zu vergessen, der Filmer der fünfmal 1000 Meilen durch die Dschungel, der in Dessau geborene, in München verheiratete Regisseur Wolfgang Grasshoff (47) und sein fünfköpfiges Team von Kamera- und Tonleuten. Oder Wolfgang Drehsen aus Lohmar, der die meisten Reportage- und Werbefotos geliefert hat. Patrick J. Lecellent (39), ein in der Schweiz arbeitender Franzose, der bei Reynolds die „Special Events" veranstaltet (also auch die Camel-Trophy).

Ein tückischer Steg, Hochwasser an einem Nebenfluß des großen Amazonas und die Dramatik einer Rettungsaktion, bei der jeder auf sich allein gestellt ist. Die Fahrer brachten ihren Range-Rover am Ende sicher hinüber – und genau das macht den Reiz der Camel-Trophies aus.

Als Andreas Bender, der schweigsame Expeditionsleiter, gefragt wurde, wie er es schafft, neun von zwölf Monaten pro Jahr auf Reisen zu sein, nannte er sieben eiserne Regeln:

1. Nie reisen, nur um anzukommen. Man muß bewußt unterwegs sein, ohne Fahrplan und „Abhakerei". Genau das wird seiner Meinung nach bei den Gruppenreisen falsch gemacht. „Man muß verweilen, wo man sich wohlfühlt."

2. Das Reiseland richtig kennenlernen, indem man sich entweder auf den Besuch gut vorbereitet hat oder vor Ort eines Besseren belehren läßt. Nur dann fühlt man sich dort wohl. „Von einem Reiseleiter zu erwarten, daß er Vorurteile abbaut, heißt, ihn zu überfordern."

3. Keine Widerwärtigkeiten scheuen, mit eigenen Augen sehen. Gefahr ist nichts als ein Wort,

In der Not ist alles eine Brücke, was über einen Fluß führt - auch so etwas! Andreas Bender und der Coregisseur Otto Engel aus Rio legen am Amazonas Balken nach Maß.

Wenn alles vorbei ist, lachen sie wieder, als ob keinerlei Müdigkeit in ihren Knochen stekken würde: Das italienische Team bei der Trophy '83 in Zaire. Sie hatten die 1000 Meilen besser überstanden als einige „alte Hasen" dieses Abenteuer.

Pannenpause in Papua-Neuguinea: Ein holländischer Fahrer nützt das, um endlich sein lange vernachlässigtes Tagebuch auf letzten Stand zu bringen. „Trophy"-Spuren zieren Gesicht und Hose.

Gefahr läßt sich kalkulieren, man muß sie abschätzen – und plötzlich verwischt sich das Wort „Gefahr".

4. In Eingeborene, die unberührt sind von unserer landläufigen Vorstellung von Zivilisation, unbegrenztes Vertrauen setzen.

5. Unterwegs grundsätzlich mit allen Leuten reden. Einmal, um die Gefahren auszuloten, zum anderen, um Freuden zugänglich zu sein. „Und weil es ein Eingeborener nicht verstehen kann, daß man durch sein Land reist und ihn nicht danach fragt."

6. Bereit sein, angelesene Vorstellungen und traditionelle Vorurteile sofort über Bord zu werfen. „Zu wertfreien Urteilen kommen."

7. Alles essen, was es unterwegs gibt. Ob es nun schmeckt oder nicht. „Das gehört einfach zum Lernprozeß dazu und dokumentiert die Bereitschaft, neugierig zu sein und zu akzeptieren."

Besonders in Papua-Neuguinea geschah mehrmals etwas, was nur durch die konzentrierte Beachtung dieser sieben Regeln gelöst werden konnte.

Da kündigte Andreas Bender beim Zoll in Port Moresby, der Hauptstadt von Papua-Neuguinea, sein Eintreffen an und bat um „wohlwollende Behandlung". Sein Gepäck: 47 Koffer mit der Filmausrüstung, Ersatzteilen für die Autos, Zigaretten und T-Shirts als Geschenke. Doch der Zoll zeigt sich unnachgiebig. Kurz vor dem Abflug in Frankfurt trifft sogar noch ein Schreiben ein, in dem es heißt: „ ... und wenn Sie, wie angekündigt, am Soundsovielten hier eintreffen, werden wir Sie erwarten. Selbstverständlich müssen Sie alle mitgebrachten Dinge ordnungsgemäß und zum vollen Preis verzollen."

Andreas Bender fliegt drei Tage

Die Wagen kommen später mit der Fähre nach, ein paar der Teilnehmer schippern im Einbaum voraus, um die Anlegestelle zu präparieren. Es war in Zaire, wo die Fahrer nicht nur die Schiffsbatterien selbst aufladen, sondern auch eigenen Sprit zum Transport dabeihaben mußten.

Die Hitze, der Staub – zuwenig Schlaf und die Fahrerei seit Stunden. Zwei Schweizer Teilnehmer genehmigen sich eine Zigarettenpause in der Savanne von Zaire (links). Mitte: Rast in einem Dorf am mittleren Kongo. Rechts: Staunen in Papua-Neuguinea. Der Modeschöpfer Robert Comstock aus den USA baut eine Brücke.

Wer sich diesen Mann anschaut, weiß wohl, warum er bei den Camel-Trophies nur der „Weiße Papua" genannt wird: Regisseur Wolfgang Grasshoff aus München.

Als Arzt bei der „Trophy"

Die Transamazonica '80 in Brasilien, die „Trophies" 1981 in Sumatra und 1982 durch Neuguinea begleitete Prof. Dr. Jürgen Aschoff als Arzt. Seine Erfahrungen beschreibt er folgendermaßen:

Auf der Transamazonica '80 im brasilianischen Urwald war meine allererste ärztliche Tätigkeit der Griff zur Penicillinspritze. Von den mitreisenden Journalisten und Fotografen hatte einer in Rio de Janeiro zu intensiv die Schönen des Landes kontaktiert. Und so war es eigentlich dann auch bei allen weiteren Dschungelabenteuern – daß nämlich stets andere ärztliche Probleme auftauchten als die, die ich erwartet hatte.

Malariaprophylaxe, Gelbfieberimpfung und einige Tabletten gegen Typhus und Paratyphus sind vorbeugende Maßnahmen, ein Muß. Tropenkrankheiten bei zwei oder drei Wochen Abenteuer im Dschungel stellen kein Problem dar, jedenfalls vorläufig nicht – selbst wenn man im Urwald sich einige Würmer, Protozoen oder andere Krabbeltierchen einfängt, einstechen läßt oder sie sich beim Baden im Fluß, beim Essen und Trinken in schmuddeligen Lehm- und Strohhütten einverleibt. Denn daraus resultierende Tropenkrankheiten brechen erst Wochen später aus, und dann ist man längst wieder zu Hause. Jeder Dschungelamateur muß aber wissen, daß nach einem Tropenabenteuer auftretende Beschwerden ein Mitbringsel von diesen Reisen sein können, und entsprechend seinen Arzt informieren oder eine tropenmedizinische Untersuchungsstelle aufsuchen.

Und die Schlangen im Urwald? In Papua-Neuguinea, in Sumatra und auf der Transamazonica sah ich viele, aber alle waren von Autos überfahren worden. Schlangen sind ängstliche Tiere, die vor den lauten Menschen fliehen. Nur wenn sie in die Enge getrieben oder im Gebüsch aufgeschreckt werden, greifen sie an. Die Angst vor Schlangenbissen und die Verantwortung des Arztes für seine Abenteurer ist jedoch groß. In der Stadt Bélem, an der Mündung des Amazonas,

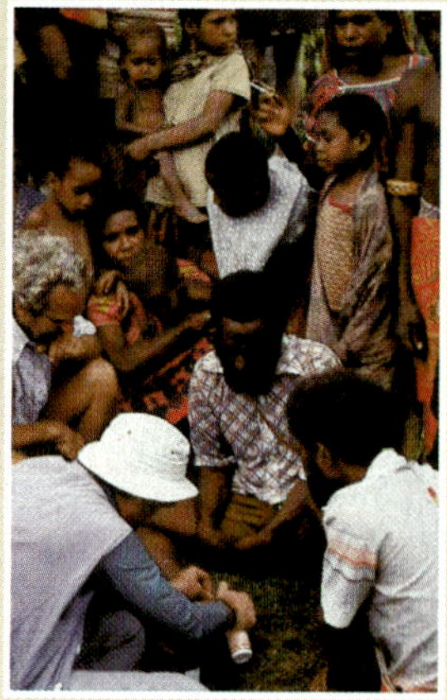

konnte ich zehn Ampullen Serum gegen den Biß giftiger Amazonas-Schlangen erstehen. Aber vielleicht sterben mehr Menschen durch Serum als durch einen Schlangenbiß: Atemnot, Kreislaufkollaps und Schock sind nämlich häufige Reaktionen auf Schlangenserum. Erfahrene Urwaldärzte sind sich nicht sicher, was im Einzelfall gefährlicher ist: das Schlangengift oder das gegen das Gift gerichtete Serum. Die Bisse der meisten giftigen Schlangen kann ein kräftiger Mitteleuropäer überstehen, wenn auch mit mehrtägigen heftigen Schmerzen, Fieber und Schüttelfrost. Meine persönliche Erfahrung nach einem solchen Schlangenbiß in Indien war sehr unangenehm, aber ich überlebte! Ich hatte zum Glück nie die Qual der Wahl des Serums!

Bedenklicher ist da schon der erstaunliche Mangel an gesundem Menschenverstand, den zivilisierte Europäer im Urwald erkennen lassen: barfuß durch den Busch, im Bikini in der tropischen Mittagssonne, hohes Fieber als Folge eines vermeidbaren Sonnenbrandes und die Unfähigkeit, sich auf ungewohnte Umgebung einzustellen.

Wenn in Sumatra Bernd, auf dem Rükken liegend, mit allen vieren um sich schlägt, nach seiner Freundin jammert und eine Beruhigungsspritze braucht, oder der Verbrauch von Kopfschmerz- und Kreislauftabletten nach abendlichen Alkoholexzessen steil ansteigt und die Tabletten deshalb vorzeitig ausgehen, so sind das die ärztlichen Probleme, mit denen ich am meisten konfrontiert und auf die ich am wenigsten vorbereitet war.

Auf ein Tropenabenteuer muß man sich ruhig und vernünftig einlassen. Nur dann bleibt man gesund und übersteht mit stoischer Ruhe alle Schwierigkeiten und Probleme.

Das gelbe S einer staubigen Straße im Süden von Sumatra: Camel-Trophy '81. Ein Mädchen hat Wasser geholt in einem Fluß. Trotz der Wolken brennt die Sonne, es herrschen 40°C.

früher als vorgesehen, kein Zöllner erwartet ihn in Port Moresby, unbeanstandet und zollfrei gelangt er mit den 47 Koffern ins Land. Damit hatten die Papuas wohl nicht gerechnet ...

Oder: Als Andreas Bender und Wolfgang Grasshoff in Neuguinea angekommen waren und losfahren wollten, deutete der Hafenmeister von Lae auf einen Frachter weit draußen in der Bucht und sagte: „Ihre Autos? Da draußen dümpeln sie. Das Schiff kann nicht rein, weil mein Hafen versandet ist." Bender und Grasshoff beschlossen eine „Hemingway-Lösung": erst mal rein in die nächste Bar und sich die Misere schön trinken. Und als sie so an der Theke standen, lernten sie ein paar fröhliche Gesellen der australischen Luftwaffe kennen, die in Neuguinea Luftlande-Manöver durchführten.

Ihnen schilderte Bender sein Problem – am nächsten Morgen schwebten riesige Militär-Hubschrauber über dem Frachter und

So freuen sich die Letztplazierten einer Camel-Trophy – 1983 in Zaire. Eine olympische Geste zweier Spanier: Teilnahme ist wichtiger als der Sieg.

lifteten die Range Rover aus den Laderäumen und auf die Hafenmole von Lae. Kostenlos, denn die Australier hatten die Rettungsaktion als willkommene Manöver-Variante deklariert.

In Zaire scheiterte Andreas Bender mal an gutgemeinter, aber deplazierter deutscher Entwicklungshilfe. Das war in der Ortschaft Nioke, in der Äquator-Provinz. In der Landkarte sind Fähren eingezeichnet, im Handbuch steht, daß man zur Überfahrt vorsichtshalber seinen Dieseltreibstoff selbst mitbringen soll. „Warum", fragte sich Bender, „liefert die Bundesrepublik einem Land, das unter chronischem Treibstoffmangel leidet, nicht gute mechanische Fähren?" Als er nun mit dem vollen Kanister in der Hand an der Anlegestelle auftaucht, sieht er zwar vergammelte Fähren, aber keine Bootsleute. Die sitzen in der Dorfkneipe, und als Bender sie um eine Überfahrt bittet, schütteln sie nur den Kopf: „Keine Batterien." Ja, wo die denn seien? „Die braucht der Dorfälteste für sein Radio", sagen sie und führen Bender zu einer Hütte. Darin hockt der „Chef", und an den riesigen Lkw-Batterien hängt ein winziges Kofferradio und plärrt mit letzter Kraft, denn die Energiespeicher sind fast leer.

Palaver, Palaver. Scheine wechseln den Besitzer, das Radio wird abgekabelt. Aber wie nun die Kästen wieder aufladen? „In der Nähe", verraten die Fährleute, „liegt ein Sägewerk. Da arbeiten Franzosen, die können das." Bender fährt hin, und die freundlichen Franzosen behalten die Batterien eine Nacht lang. Am nächsten Morgen werden sie in die Boote eingebaut, und Bender überquert den Fluß ...

Als Patrick J. Lexcellent gefragt wird, was die „Trophies" für ihn bedeuten, erwidert er: „Es ist ein in seiner Art tolles Abenteuer. Eine einmalige Gelegenheit für Menschen, an etwas teilzunehmen, das es sonst nirgendwo gibt."

Was bleibt einem Lehrer aus Portugal übrig, wenn ein Urwaldriese von über einem Meter Durchmesser plötzlich in seinem Weg liegt? Er muß ihn zu Kleinholz verarbeiten, will er weiterfahren – da hilft ihm keiner! Und so macht er sich mit der Axt ans Werk. Geschehen 1983 auf einer Zaire-Piste.

Günter Hoppe, der die „Trophy“ in Zaire leitete, drückt es noch deutlicher aus: „Das Faszinierende daran ist, daß eine ursprüngliche Werbeidee mittlerweile tatsächlich nachvollzogen werden kann. Man fährt jedes Jahr tausend Meilen durch die Dschungel – als eigenständiges Abenteuer, das Millionen in seinen Bann zieht.“

Patrick J. Lexcellent bestätigt das: „Allein durch die Vorauswahl kamen wir bisher schon mit Millionen von Interessierten in Kontakt. Lexcellent sieht noch einen anderen Reiz an diesen Dschungeltouren: „Da müssen Leute miteinander auskommen und dennoch gegeneinander fahren. Sie dürfen dabei aber nicht nur auf den Sieg aussein, weil der nichts bringt außer einem Zinnteller und auch gar nicht möglich ist ohne internationalen Teamgeist und Eigeninitiative zum Wohle aller.“

Aber was sind diese Camel-Trophies nun eigentlich? Paris–Dakar durch Wälder oder kostenlose Gruppenreisen auf Rädern?

„Es ist sicherlich kein Autorennen“, urteilt Lexcellent. „So wie irgendeines der bekannten Rennen auf der Straße. Das wäre auch unmöglich – wie kann man ein Rennen über einen Fluß führen, über den die Brücke fehlt und erst von den Teilnehmern gebaut werden muß, wie 1984 in Brasilien?“

Für Wolfgang Grasshoff, den Regisseur, dessen Fernsehfilme „Fleisch“ (über Transplantationen) und „Plutonium“ (über radioaktive Verseuchung) preisgekrönt wurden, stellen diese Urwaldfahrten

Die verwegene Pose der Sieger: so sehen sie aus, die Gewinner einer Camel-Trophy. Es sind zwei strahlende Holländer. In Zaire ungeschlagen, schwingen sie ihre „goldene“ Trophäe.

Verloren zwischen Urwaldriesen und im ewigfeuchten Grün des Dschungels: Kameramann Ritchie Neumann bei der Arbeit. Es ist sein Material, aus dem die Werbe- und Dokumentarfilme zur Camel-Trophy geschnitten werden.

„einfach eine ungeheure Herausforderung" dar.

„Wie bringt man so was auf Film? Allmählich habe ich begriffen, daß man erzählen muß, wie faszinierend es da ist, wo wir fahren. Wenn man das tut, gewinnt man an Glaubwürdigkeit", sagt er.

Grasshoff trifft von Zeit zu Zeit auf Kritiker, die seine Arbeit als „Werbemasche" verunglimpfen und der „Trophy" unterstellen, sie störe das ökologische und ethnologische Gleichgewicht des Gastlandes. Er widerspricht dann: „Es ist immer ein ideales Zusammentreffen zwischen uns und den Menschen, durch deren Land wir fahren. Wir haben ihnen nichts genommen, es war keine Expedition und auch kein Tourismus. Man hat sich kennengelernt, wir treten bescheiden und leise auf und sind schnell wieder weg. Wir sind ganz einfach eine Gruppe von ‚Verrückten', die Routen fahren, die sonst keiner benützt – vor allem kein Einheimischer. Wir können jederzeit in jedes Dorf, in dem wir einmal waren, zurückkehren."

Acht bis zehn Kilo Körpergewicht verliert der bullige Filmer mit der Afro-Frisur – „die kühlt bei Hitze so schön" – pro „Trophy". Wenn man ihn betrachtet, wird klar, warum er der „weiße Papua" genannt wird. 15 000 bis 20 000 Mark betragen die Schäden an den Kameras in jedem Jahr, und allmählich wird es schwierig mit den Versicherungen. Acht Stunden Ton und Film sind die Ausbeute von Brasilien '84; vor fünf Jahren – bei der Transamazonica '80 – reichten noch 90 Minuten.

Die „Trophies" sind für Wolfgang Grasshoff: „... Befriedigung, etwas geschafft zu haben, obwohl ich im Urwald auf mich allein gestellt war". Volker Lapp, der deutsche Zweitplazierte von 1984, sagt: „Welch eine Gelegenheit, den Feind Nr. 1 im Leben zu bekämpfen – die Routine

Die „Trophy" ist derart anstrengend und abenteuerlich, daß sich nur wenige den „Luxus" einer eigenen Küche leisten. Nicht so diese beiden italienischen Teilnehmer, die auch in Zaire nicht auf ihre Spaghetti verzichten.

Kein Öffner für die Cola-Flasche? In Brasilien hilft da die Polizei, und zwar mit dem Colt ... Es war ein deutscher Fahrer, der das erlebte bei der Transamazonica '80.

Sie mußten am längsten anreisen, waren die fröhlichsten und wurden am Ende noch Dritte: die Fahrer aus Hongkong. Zwei Chinesen in Zaire - Afrika trifft Asien.

und Langeweile! Dazu Neugier befriedigen, Menschen kennenlernen, einen Monat lang so völlig anders leben!"

Als wir den Franzosen Patrick J. Lexcellent fragen, welche drei Dinge ihm spontan einfallen, wenn er an die „Trophy" denkt, antwortet er: „Menschen, Probleme, Autos." Und drei Adjektive? „Herausfordernd, faszinierend, glücklich machend."

Brasilien '84 ist die fünfte Veranstaltung dieser Art. Unter den 24 Fahrern sind vier Industriekaufleute, drei Ärzte, zwei Ingenieure und zwei Polizisten sowie je ein Pilot, Dekorateur, Bankangestellter, Dolmetscher, Ölkaufmann, Mechaniker, Feuerwehrmann, Lehrer, Hotelier, Reiseunternehmer, Chemiker, Immobilienhändler und Landmaschinenvertreter. Es sind die Glücklichen, die in sechs Ländern aus über 500 000 Bewerbern ausgewählt wurden.

Leute von den Kanarischen In-

seln und aus der britischen Kronkolonie Hongkong haben bereits an einer „Trophy" teilgenommen. Melancholische Portugiesen ebenso wie überwache Trucker aus den USA. Dazu Deutsche, Schweizer, Belgier, Niederländer, Italiener. Zählt man die begleitenden Ärzte, Mechaniker, Journalisten und den sonstigen Troß dazu, dann fuhren allein in Papua-Neuguinea 14 Nationen mit ...

Ein seltsames, von den „Offiziellen" nur mühsam erklärtes Band muß diese Urwald-UN miteinander verbinden. Ist es vielleicht die Sehnsucht nach Gefahr?

Expeditionsleiter Andreas Bender bestreitet das. „Als ich aus Zaire heimkehrte, in Frankfurt gelandet war, meinen Wagen aus der Garage geholt hatte und auf der Schnellstraße nach Königstein heimfuhr, kam mir mit 130 Stundenkilometern ein ‚Geisterfahrer' entgegen. Mein Gott, dachte ich, so eine lebensgefährliche Situation hast du während der ganzen Trophy nicht erlebt!" Die „Gefahr" sieht Bender, der Dauerreisende und Vielflieger, ganz woanders – im persönlichen Bereich. „In jüngster Zeit", berichtet er leicht schaudernd, „ertappe ich mich, wie ich auf Partys, nachdem ich mich gesetzt habe, ganz automatisch nach den Sicherheitsgurten suche, um mich festzuschnallen ..."

Ein Macher mit Macke.

Um so mehr Mensch ist ein anderer Macher – der „gute Jong", wie die rheinische Frohnatur Wolfgang Drehsen bei den „Trophies" genannt wird. Wenn er nicht gerade „Dr. Ehsen" heißt, „der bekannte Ernährungswissenschaftler" – obgleich er doch eigentlich Fotograf ist.

Einer der Fotografen der Dschungelabenteuer hat herausgefunden, daß der Mensch, wenn's nichts anderes gibt, wochenlang von Bier allein leben kann. „Und gut sogar", wie er behauptet.

Und als der „Trophy"-Arzt bei einem Einführungsvortrag für die Teilnehmer dann noch riet, den enormen Wasserverlust in den Tropen mit „täglichem Trinken von mindestens vier bis fünf Litern" auszugleichen, da war die Ernährungstheorie des „Dr. Ehsen" auch mengenmäßig abgerundet.

Merke: Macher sind Menschen, die dazulernen können ...

1983, in abgelegenen Dschungeldörfern des afrikanischen Riesenreiches Zaire, wo Fremde nur selten gesichtet werden, versorgten plötzlich zwei österreichische Ärzte Hunderte von Menschen – kostenlos.

Die Mediziner waren eigentlich gebeten worden, die 48 Teilnehmer der Camel-Trophy zu betreuen, falls das notwendig sein sollte. Aber es kam ganz anders.

In Elenge-Bokolondo, einem Dorf an der „Trophy"-Route, litt ein zweijähriger Junge an einem lebensgefährlichen Malaria-Anfall. Schweißgebadet und von Schüttelfrost gepeinigt, lag der kleine Kasongo Udjuu im Schoß seiner Mutter in der Hütte mit dem Palmwedeldach. Da hörte die Mutter die Rufe der Dorfbewohner und wußte, daß die 23 schlammverkrusteten Landrover der Camel-Trophy angekommen waren.

Buschtrommeln hatten die seltsame Karawane bereits Stunden vorher angekündigt – und die Tatsache, daß zwei Ärzte unter den Weißen seien. Das aber nun nicht etwa in einem getrommelten Code, wie viele annehmen, sondern in einer Art Klangimitation der Laute der Eingeborenensprache, die hier Lingala heißt.

Sofort stellte sich für Dr. Herwig Karetta und Dr. Meinhard Schallenberg ein Willkommenskomitee auf.

Karetta nahm sich sofort des malariakranken Kindes an. Schallenberg, umringt von den Dörflern, öffnete seinen Aluminiumkoffer und hielt unter einem schattigen Kapok-Baum Praxis ab. Und als Karetta die Hütte verließ, umarmte ihn die Mutter und überreichte zwei kleine Laibe Maniokbrot.

Es waren in erster Linie die Eingeborenen, die die Mediziner benötigten.

Die beiden Österreicher waren „Freiwillige". Sie hatten sich gemeldet, ihre Klinikjobs zu Hause vorübergehend an den Nagel gehängt und wollten „eine Abenteuerreise mit Erfahrungen in Tropenmedizin verbinden", wie Karetta das ausdrückte. Aber als die Camel-Trophy nach 1000 Meilen durch die afrikanischen Urwälder in Kisangani eintraf, bewegten gemischte Gefühle die zwei. Schallenberg beschreibt das so: „Es war frustrierend zu erleben, wie wir zwar ein bißchen Linderung vermitteln konnten, wo eigentlich Hilfe in größerem Umfang dringend benötigt wurde."

Er mag recht haben – aber die Hilfe der beiden Doktoren und ihr Mitgefühl mit den Kranken entlang der Camel-Trophy-Route wird dort so schnell nicht vergessen werden. Wie sagte doch Wolfgang Grasshoff? „Wir können überall wieder hin."

Auf Dr. Herwig Karetta und Dr. M. Schallenberg warten sie sogar.

„Herr Nachbar, ein Scheibchen Ananas gefällig?“ Teamgeist ist das Schmieröl der Camel-Trophy, und wer etwas ergattert hat, teilt es gerne mit dem Konkurrenten.

Lebensgefahr! Die Balken einer Brücke lösen sich unter dem Gewicht des Wagens, der Fahrer versinkt im Fluß und klammert sich an die Stoßstange. Alltag bei der Camel-Trophy – besonders dann, wenn Hochwasser die Straßen überflutet.

Von den Vulkanbe

„Hier lernst du mehr über dich, als dir bisher möglich war."

gen in den Sumpf

Alltagssorgen in Sumatra: Auch auf der größten Insel Indonesiens wird der Tagesablauf schnell zur Monotonie.

Am 9. April 1981 beginnt in Berastagi, einer kleinen Bezirksstadt im äußersten Norden Sumatras, die Camel Trophy '81. Für die fünf deutschen Teams – darunter diesmal auch eines mit zwei Fahrerinnen – ist dies der Start zu einer Fahrt durch eine Welt von gestern. Trotz bester Vorbereitungen, trotz einer technisch hervorragenden Ausrüstung, trotz generalüberholter Range-Rover – die 1000 Meilen quer über die größte indonesische Insel werden zu einer „Trophy" der Überraschungen. Der Mensch kann sich und seine technischen Hilfsmittel vorbereiten – doch der Dschungel und das Abenteuer lassen sich nicht berechnen.

„Ich weiß: Das, was heute von uns verlangt wird, ist eigentlich mehr als unzumutbar. Es ist der erste Tag, steile Serpentinen, erst Nebel und Regen, schlüpfrige Bergpfade, dann das heiße Tiefland und dann eine Etappe, die kein Ende nehmen wird ... Aber wenn wir unseren Zeitplan bis Ende der „Trophy" durchhalten wollen, müssen wir das heute schaffen!" Andreas Bender, der Expeditionsleiter, hält seine seit den Anfängen der Vorbereitungen bestens bekannte Morgenpredigt. Es ist 5 Uhr früh. Noch hängen die Nebel der Nacht in der Dämmerung und lassen die fast 2000 Meter hohen Vulkanberge nur ahnen, die den ehemaligen Kolonialposten Berastagi umschließen. Fröstelnd überprüfen alle noch einmal Wagen und Ausrüstungen. Benzin- und Wasservorräte werden am genauesten gecheckt. Dann setzt sich die Kolonne der Fahrzeuge mit strahlendhellen Scheinwerfern in Bewegung.

Über enge, rutschige Serpentinen, über die das Wasser der Bergbäche ungehindert in die Tiefe

Ein kleines Fischerdorf an einem der vielen Flüsse Sumatras. Der Fluß ist Nahrungslieferant, Transportweg, Wasserreservoir und Abfallgrube zugleich.

rauscht, geht es in Richtung Kabanjahe, der Bezirkshauptstadt am Fuße der Vulkanberge von Berastagi.

Nach knapp zwei Stunden sind die ersten Wellblechhütten der Bezirkshauptstadt erreicht. Die Wassersäcke, die frühmorgens triefend naß an die Außenspiegel gehängt worden waren, sind bereits knochentrocken.

Vor dem Amtssitz des örtlichen Kommandanten hält die „Trophy"-Kolonne in einer langen Schlange entlang der einzigen Straße des Ortes. Augenblicklich sammeln sich Hunderte von Kindern, Jugendlichen und Erwachsenen. Was wollen die merkwürdigen Weißen hier? „Nur eine kleine Formalität, ein kleiner Höflichkeitsbesuch beim Kommandanten", erklärt Andreas und verschwindet zusammen mit seinem zweieinhalb Zentner schweren indonesischen Dolmetscher und Assistenten David – den die „Trophy"-Leute inzwischen in „King-Kong" umgetauft haben – in der „Residenz" des Ortskommandanten.

Der Höflichkeitsbesuch dauert knapp vier Stunden. Die Autos werfen keine Schatten mehr, als Andreas und „King-Kong" wieder auftauchen. Der Kommandant, Oberstleutnant Victor Tambunan, hat erklärt, daß ihm der Sinn und die Bedeutung der Camel-Trophy '81 nicht genügend deutlich geworden sei. Er trage immerhin die Verantwortung für die Menschen in dieser Region. Ob die nicht schweren Schaden nehmen könnten durch den Anblick der Autos und der fremden Menschen, sei nicht sicher zu be-

Die alte Kolonialstraße, die von Kabanjahe im Norden bis nach Palembang im Süden der Insel führt, war der Hauptweg für die Fahrer der 1000 Meilen Sumatra.

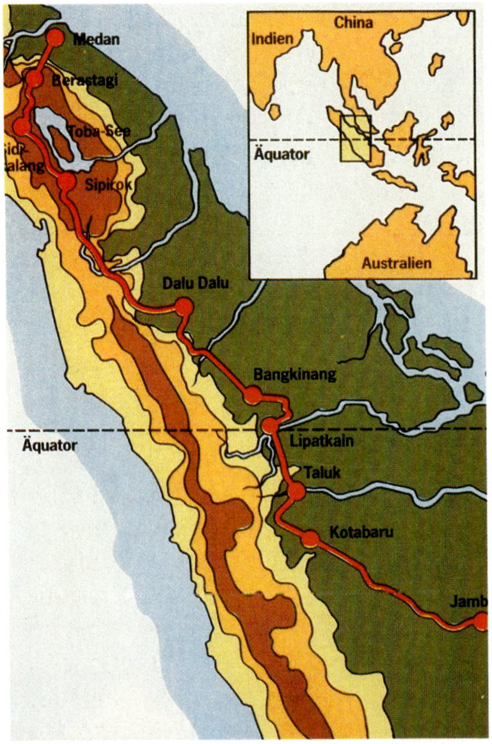

antworten. An eine Weiterfahrt jedenfalls nicht zu denken.

Inzwischen haben sich am Anfang und am Ende der Fahrzeugkolonne einige Uniformierte mit gezogenen Waffen postiert. Die Kinder, die mit freundlicher Neugier die weißen Männer und Frauen bestaunen, die Jugendlichen, die dreist alles betasten, was sie erreichen können, und die betelkauenden Erwachsenen – sie alle werden immer weiter von den Fahrzeugen abgedrängt. Soldaten patrouillieren an den Wagen entlang. Klaus, dem „Major", der zu Hause in Neustadt als Offizier seine Erfahrungen mit der Truppe gemacht hat, wird die Situation langsam unheimlich: „Wer weiß, ob die genügend Disziplin haben und nicht plötzlich auf eigene Faust loslegen." – „Das ist sicher nur zu unserem Schutz. In wenigen Minuten können wir weiter", beruhigt ihn „King-Kong".

Am Nachmittag hat Oberstleutnant Tambunan – nach einem Mittagsschläfchen und einer diskreten finanziellen Beratung – die Bedeutung der „Trophy" begriffen. Wir auch: Hier, am Rande der Zivilisation, läuft eben alles nur, wenn man gut schmiert. Zeit und freie Fahrt sind auch nur Waren, die erworben werden müssen. Im übrigen hat uns der Kommandant eine Lektion in indonesischer Zeitrechnung erteilt: jam kareh heißt „Gummizeit". Und in der kann eine Stunde eine Stunde sein – oder ein Tag – oder eine Woche ... Die einfache Rechnung „Je mehr Geld, desto knapper die Zeit" hätte uns eigentlich aus der westlichen Welt vertraut sein müssen. Dennoch sollte die indonesische Zeitrechnung später noch häufiger von der unseren differieren.

Doch jetzt, nach stundenlangem Warten, gilt es erst einmal, die ver-

„Hey Mister" – in jedem Dorf wurden die „Trophy"-Fahrer von den Einwohnern fröhlich angestaunt. Die Fahrer selbst nutzten die Rast, um den Flüssigkeitshaushalt mit Bintang-Bier zu regulieren.

In der Hitze des tropischen Dschungels ist sogar eine Ruhepause im Schatten eine schweißtreibende Angelegenheit.

lorene Zeit aufzuholen. Die Schlaglöcher der ehemaligen Militärstraße, über die seit fast 20 Jahren kein Weißer mehr gefahren ist, werden nicht mehr sorgfältig umfahren. Achsen und Federn der Rover werden bis an die Grenze ihrer Belastbarkeit beansprucht. Die Wagen springen durch halbmetertiefe Löcher. Schotter prasselt gegen die Kühler und Windschutzscheiben der nachfolgenden Fahrzeuge. „Die Deppen, die großen! Ja, sind denn die jetzt ganz verrückt geworden?" schimpft in bajuwarischer Wut Hans. „Das ist ein Irrsinn, so dicht und so schnell auf so einer Straße zu fahren."

Doch es geht gut. Abgesehen von Reifenpannen, ein paar Beulen auf den Kühlerhauben und einigen zersprungenen Scheinwerferscheiben erreicht der Troß wohlbehalten zwei Stunden nach Einbruch der Dunkelheit das erste Übernachtungsziel Dolok Sangul.

Im Licht der Scheinwerfer taucht eine gespenstische Ortschaft vor uns auf. Hütten aus fauligen Brettern, die vom Schmutz und einigen Streifen Blech zusammengehalten werden, dazwischen eine Wegkreuzung aus Schlamm und Abfällen. Eine Tankstelle, an der ein Halbwüchsiger das Benzin mit einem Plastikschlauch aus den rostigen Tonnen saugt, die nur mangelhaft gegen Regen geschützt sind.

Wenige Meter von der Tankstelle entfernt steht unser „Hotel". Ein Palast aus drei Wänden, zur Straße hin luftig geöffnet. Zwischen den Wänden ein paar Tische, einige Bänke, Petroleumleuchten. Der vom vielen Betelkauen zahnlose Wirt grinst uns freundlich an. In seinen Pupillen leuchten kleine Dollarzeichen. Die Frau des Wirts, Alter schwer schätzbar, komplimentiert

Der Gipfel der Insel Samosir, die inmitten des 3000 Meter hoch gelegenen Lake Toba liegt, ragt aus dem Morgennebel. Wegen des besonders guten Höhenklimas ist diese Vulkanlandschaft für viele Indonesier das Urlaubsziel.

Das ist die andere Seite Sumatras. Das Tal der fleischfressenden Pflanzen etwa, wo den ersten Wagen der Garaus drohte – Schlammlöcher und Timberroads, auf denen die Range Rover bis zu den Achsen im Matsch versackten.

Verfolgungsjagd auf staubiger Urwaldpiste. Solange Verfolger und Verfolgter noch hintereinander jagen, stört nur der Staub. Doch wenn's ans Überholen geht auf dem schmalen Pfad, wird es eng ...

uns gestenreich an die Tische. Dann werden die herbeidrängenden Dorfbewohner von ihr gebeten, etwas Platz zu machen, damit die Gäste essen und trinken könnten. Die Kinder der Wirtsleute schleppen Bierflaschen auf die Tische. Hans, der Bayer, prüft und befindet das Naß für trinkbar.

Aus der Küche, in der die Wirtin über dem offenen Feuer Hühnchen brät und in einem riesigen Topf Reis kocht, riecht es sehr appetitanregend. Neben Huhn, Reis, etwas Obst und Fischen, die schon vor geraumer Zeit zuletzt geschwommen sind, gibt es kaltes Fleisch, das wie Rindfleisch aussieht. Dazu eine Soße aus Erdnüssen und Kokos. Zwischen den Schüsseln mit den kulinarischen Köstlichkeiten der Region stehen Flaschen mit einer dunklen Flüssigkeit, die von den Wirtsleuten als „Ketsup" bezeichnet wird. Während einige Fahrer dankend auf das Fleisch verzichten – „Hier im Norden Sumatras sollen die Leute Hundefleisch für eine Delikatesse halten!" – nehmen alle reichlich von dem „Ketsup". Ein Fehler. Diese Mischung aus Sambal und Chili brennt wie Feuer. „Zweimal", bestätigen die meisten am nächsten Morgen.

Was in Dolok Sangul zwei gesunde Beine hat, drängt sich in dem kleinen Gasthaus. Mit fröhlichem Gejohle wird jedes Winken, jede freundliche Geste begrüßt. Versuche, miteinander in irgendeinem

Kauderwelsch ins Gespräch zu kommen, enden regelmäßig mit einem lachenden „Hey, Mister!" Dennoch: Für das Dorf ist unser Besuch das größte Ereignis der letzten und wohl auch der nächsten zehn Jahre.

Nach dem Essen werden die Tische abgeräumt. Das Frauen-Team, Karin und Anneliese, fragt „King-Kong" nach den Schlafplätzen. „Ihr sitzt davor", antwortet der Koloß grinsend. „Geschlafen wird auf den Tischen." Während der Wirt mit seiner Familie und einigen Freunden in einer Ecke des Ladens lauthals die Einnahmen und Ereignisse des Tages durchgeht, strecken sich die meisten von uns auf den Tischen aus. Für alle ist jedoch kein Platz. Also werden in den Wagen die akrobatischsten Versuche angestellt, sich zwischen Gepäck, Werkzeug, Wasser- und Benzinkanistern ein Nachtlager einzurichten. Focke Hoffmann, der in Friesland Bürgermeister werden möchte, kann wegen der vielen Zuschauer keinen Schlaf finden. Er nutzt die Gelegenheit, um mit den Dorfbewohnern Deutsch zu üben. Von Lachen, Rufen und Sprechchören begleitet, schlummern wir allmählich ein. Während Hartwig – hauptberuflich Schmuckhändler und deswegen nur „Schmuckli" genannt, nebenberuflich Copilot vom „Major" – sich tastend den besten Schlafplatz auf einem Tisch sucht, murmelt er schlaftrunken: „Wenn hier noch mal einer durchkommt, und der spricht deutsch, verläßt er schreiend das Dorf. Diese Sprüche hält nun wirklich kein zivilisierter Mensch mehr aus."

Zwischen Kindern und Schweinen stolpern wir am nächsten Morgen nach einem kargen Frühstück zu den Wagen. Hütten, kleine Reisfelder und Bananenpflanzungen säumen die einigermaßen passable Straße, auf der die heutige Etappe beginnt. Früher muß dieses Relikt aus der Kolonialzeit einmal in einem hervorragenden Zustand gewesen sein. Jetzt sind nur noch die Steine und aufgerissenen Schotterstellen hervorragend.

Obwohl die Regenzeit vorbei ist, fällt ständig ein leichter Nieselregen. Dennoch ist es warm wie in einer Waschküche. Auch der Fahrtwind kann die Schwüle nicht vertreiben. Die Müdigkeit, die noch in allen Knochen steckt, dämpft die Stimmung der Fahrer. Trotzdem sind eigentlich alle zufrieden. Es geht voran! Bei diesem Tempo dürfte das heutige Etappenziel ohne

Wasser – neben Benzin der wichtigste Teil der Ausrüstung, der in jedem Dorf sofort von den Teams „gebunkert" wird. Fahrtwind und Verdunstung halten die an den Rückspiegeln hängenden Wassersäcke angenehm kühl.

Die Grille, die hier eine junge Indonesierin für den Fotografen festhält, sorgt mit ihren Verwandten für die nie endende Hintergrundmusik des Urwalds.

Gotik im Dschungel

Auf ein merkwürdiges Phänomen stießen die Teilnehmer der Camel-Trophy '81 durch Sumatra – Gotik im Dschungel.

Als neu und aufregend empfindet man Bauweise, Struktur und Geschlossenheit der kleinen Weiler, Dörfer und Ortschaften, die so alle fünf bis zehn Kilometer zwischen den intensiv landwirtschaftlich genutzten kleinen Feldern inmitten gerodeter Dschungellichtungen auftauchen. Auf kräftigen, kurzen Baumstämmen stehen aus rohen Brettern zusammengenagelte Häuschen, einheitlich mit Wellblech gedeckt.

Das klingt häßlich. Aber genau entgegengesetzt erlebe ich diese Architektur: geschlossen, mit einer unglaublichen Sicherheit der Formgebung und Beibehaltung traditioneller Proportionen - und als geradezu phantastische Attraktion stehen in jedem Dorf eine, zwei und manchmal sogar drei Kirchen mit hohem Turm, ebenso aus groben Brettern und Wellblech errichtet.

Da finden sich norddeutsch-strenge Dorfkirchen, behäbige schwäbische Basiliken, orthodoxe Kuppelkreuzkirchen, abseits gelegene, verspielt wirkende Wallfahrtskapellchen - und das alles ohne Bebauungspläne, bürokratische Vorschriften und falschverstandene progressive Formgebung. Das eine Dorf liebt ein geducktes romanisches Gotteshaus, das nächste hochaufragende gotische Formen.

Nur 13 Prozent Christen gibt es auf Sumatra, aber die konzentriert im Hochland rund um den Toba-See. Dort hat vor mehr als hundert Jahren ein einzelner schwäbischer Missionar den islamischen Kollegen den Schneid abgekauft, und jene kleinen Dorfkirchen zeugen noch heute von seinem Eifer.

Kein Bau gleicht dem anderen, und gerade der Formenreichtum dieser kleinen Kirchen ist ungleich viel größer als der bei den mächtigeren Moscheen, denen sie weichen müssen weiter unten im Tieflanddschungel und dennoch Pate gestanden haben mit ihren aus Wellblech und Holz erbauten Kuppeln und Zwiebeltürmen.

Sipirok – von den Teamfahrern in „Wellblech-City“ umgetauft. Es gibt kein Material, das hier nicht beim Hausbau Verwendung finden könnte.

große Schwierigkeiten noch vor Einbruch der Dämmerung zu erreichen sein. Die Hoffnung hält nicht lange vor. Nach etwa 20 Kilometern endet die Straße. Ein Erdrutsch. Sand, Steine und geborstene Urwaldriesen versperren den Weg. Wir müssen zurück.

Andreas und „King-Kong“ sind die Strecke vor einem Jahr schon einmal abgefahren. Sie erinnern sich an eine Timber-Road, eine Holzfällerstraße. Die könnte uns auch ans Ziel bringen. Der Lehm der Piste wird nur durch die Wurzeln von Sträuchern und Bäumen gehalten. Der Pfad windet sich, schlängelt sich, je nach Bodenbeschaffenheit. Der abgeholzte Urwald hat einer Savannenlandschaft Platz gemacht. Büsche, Sträucher, niedrige Nadelhölzer wuchern zusammen mit riesigen Farnen entlang der Strecke. Plötzlich weitet sich der schmale Pfad zu einer Art Tal, das übersät ist mit niedrigen holzigen Büschen. Zwischen den kleinen, harten grüngelben Blättern hängen kelchartige Gefäße: fleischfressende Pflanzen. Sie lokken mit einem süßlich duftenden Sekret, das sich in den Kelchen sammelt, Insekten und Kleingetier an. Die Tiere fallen bei dem Versuch zu trinken in die als Falle konstruierten Kelche und werden von dem Pflanzensaft langsam zersetzt. Die Tücke des Tals sollte auch für einige von uns zu einer Falle werden.

Die ersten Fahrzeuge hatten eine durch eine Erdspalte bedingte Wegenge gut durchfahren, dabei aber immer mehr Sand zur Seite gedrückt. Die Passage wurde ständig enger. Für Karin und Anneliese wurde sie zu eng. Ihr Range-Rover bleibt hängen, sackt nach hinten weg und droht zu kippen. Sofort sind die Fahrer der anderen Wagen zur Stelle. Mit Schaufeln, Äxten und Sandblechen wird die Piste geebnet. Inzwischen dirigiert Hans lautstark in einem schwerverständlichen Bayrisch zwei weitere Rover so, daß sie den über der Erdspalte hängenden Wagen sichern und mit ihren Winden freiziehen können. Nach einer Stunde ist es soweit. Der Wagen steht wieder auf festem Boden. Die Mädchen können durchatmen. Und Hans hat seinen Spitznamen weg. Für den Rest der Camel-Trophy '81 heißt Hans der Bayer nur noch „Berge-Bayer".

Auch als die Timber-Road endlich wieder auf die alte Kolonialstraße zurückführt, ist die Fahrt alles andere als ein Vergnügen. Wie auf einer Achterbahn geht es auf engen, glatten Serpentinen durch bergiges Gelände. Die Temperatur wechselt mit der Höhe. Die schmale, rutschige Straße fordert volle Konzentration. Kaum bleibt einmal Zeit, den Blick über die buschbewachsenen Hänge schweifen zu lassen oder das herrliche Panorama der Vulkanberge in der Ferne zu genießen. Die Straße ist gerade

Sonderprüfung am Sungai Ronkankan: eine Flußdurchfahrt. Wer hier im Fluß die Spur nicht findet, muß im reißenden Wasser die Kerzen wechseln, um aus dem Strom wieder an Land zu kommen.

breit genug für ein Fahrzeug. Und auch das nicht immer. Links begrenzt nackter Granit die Piste. Rechts ist nichts. Und das einige hundert Meter tief. Die Teams fahren wie in Trance: kuppeln, Gas geben, bremsen, kuppeln – ein ständiger, unregelmäßiger Wechsel. Dazwischen immer die Hand an der Hupe. Es könnte ja sein, daß einer von vorn um die nächste Kurve will. Wenn man den Wagen sieht, ist es zu spät zum Reagieren. Die Kolonne zieht wie ein dröhnender Lindwurm die Serpentinen hinauf und hinunter. Langsam verändert sich die Landschaft. Die Kurven werden weiter, die Hügel flacher. Zwischen den Büschen und Sträuchern tauchen Palmen und Mangroven auf. Die Temperatur steigt. Zwar hängt noch immer ein dünner, feuchter Nebel in der Luft, aber dennoch klettert die Quecksilbersäule der Thermometer in den Autos auf über 30° C. Das Grün um uns herum wird immer dichter, immer satter.

Dann öffnet sich ein riesiges Tal vor uns. In der heißen Mittagssonne gleißt das Grün der Reisterrassen. Die Felder, die noch unter Wasser stehen, blitzen silbern oder blau dazwischen auf. Wir halten an, um dieses Paradies zu genießen ... Schlagartig hüllt uns die feuchte Hitze ein wie mit einem Schwamm. Und plötzlich hören wir auch die Geräusche des Urwalds am Rand der Reisfelder. Das Zirpen der Zikaden und Grillen, das Quaken der Frösche, die Rufe von Vögeln und das Keckern der Affen mischen sich zu einer unverkennbaren Kakophonie. Das Konzert des Dschungels! Zwischen den Reisfeldern grasen friedlich große Wasserbüffel. Tiere, die hier mehr als die Technik ersetzen. Sie sind Traktor, Transportmittel, Reittier in einem – und außerdem noch Lieferant eines köstlichen, leicht nach Wild schmeckenden Fleisches. Die Stimmung bei den Teams ist hervorragend. Christian, der mit Knuth zusammen einen Wagen fährt, grinst wie ein kleiner Junge zu Weihnachten: „Wenn das so paradiesisch weitergeht, dann wird die Trophy '81 ein Spaziergang." Knuth kennt die Tropen besser. Skeptisch gibt er zu bedenken: „In den Tropen weißt du nie, wie es kommt. Eben noch ist alles wie in einem Bilderbuch, und dann bist du plötzlich in einem Horror-Roman."

Mit der Dämmerung erreichen wir Sipirok, das Etappenziel. In dem weichen Licht des Abends leuchten die Dächer des Dorfes braun-silbern-grau-blau. Erst als wir nahe an Sipirok heran sind, erkennen wir die Ursache des Farbenspiels: Die Hütten bestehen

Und am Ufer geht es dann durch übermannshohes Schilf, das den Teams die Sicht erschwert – und das, wenn es um Zeit geht ...

Ein Sippenhaus, in dem eine bis zu 20 Köpfe zählende Großfamilie wohnt. Zum Schutz gegen Insekten und Ratten stehen die Häuser auf Beton- und Holzstelzen. Der Zwischenraum wird als Lager genutzt und dient gleichzeitig als Klimaanlage.

ausnahmslos aus Wellblech unterschiedlichen Korrosionsgrades.

Am Ortseingang dirigiert „King-Kong" die Kolonne zur örtlichen Polizeistation. „Die Wagen werden heute nacht von der Polizei bewacht. Die Leute hier haben nämlich zu gute Kenntnisse in der Blechverarbeitung", erklärt unser Dolmetscher entschuldigend.

In dem der Polizeistation gegenüberliegenden „Hotel" begrüßt eine wie ein ehrwürdiges Flaggschiff aufgetakelte Matrone die Gäste und führt stolz durch ihr Etablissement. Hinter dem zur Straße hin offenen Gastraum liegt ein kleines Privatgemach mit einem uralten, reichbevölkerten Liegemöbel aus dem vorigen Jahrhundert. An die Kemenate schließt sich ein offener Innenhof an, in dessen Mitte ein stinkender Tümpel als Abfallgrube und Kläranlage dient. Den Moskitos von Sipirok dient dieser Tümpel als Brutplatz. Hinter dem Hof befindet sich eine dunkle Gruft, in der qualmend ein Feuer glüht: die Küche. In der Richtung, in die der Qualm zieht, liegt dann das Schlafzimmer für die Gäste: ein mit Strohmatten verhangener Raum mit Holzfußboden – wahrhaft urgemütlich.

Unsere Wirtin serviert zum üblichen Essen nicht nur Bier, sondern auch eine Art Branntwein. Das Zeug schmeckt wie Petroleum mit Nagellack vermischt, hat aber einen großen Vorteil: es betäubt und macht müde. Die meisten von uns spüren deshalb erst am nächsten Morgen die Unbilden der Nacht. Die Gelenke schmerzen von dem Liegen auf dem harten Boden. Juckende Stiche sind die Grüße der anderen „Gäste", die zusammen mit uns in dem Hotel übernachtet haben.

Der gerade beginnende Tag hatte eine Flußdurchfahrt für die Teams auf dem Programm. Während die Eingeborenen ihre Morgentoilette im Fluß verrichten, wird die Strecke abgesteckt: durch tiefen, weichen Kies in den Fluß, etwa 500 Meter flußaufwärts fast in der Mitte des Gewässers, dann über das linke Ufer durch zwei Meter hohes Schilf in einer Schleife zurück zum Fluß und anschließend nach rund 300 Meter steinigen Flußbettes wieder zurück ans Ufer.

Unser Ostfriesen-Team, Norbert und Focke, zieht die Startnummer 1. Sie fahren vorsichtig in den Fluß. Bis kurz vor die Stelle, wo es zum erstenmal aus dem Fluß rausgehen soll, kommen die beiden gut voran. Doch dann rutscht der Range-Rover aus dem Steinbett, bleibt hängen. Die Hinterräder greifen nicht mehr. Der Wagen zieht über die Vorderachse quer zum schnell strömenden Fluß, wird abgedriftet, bleibt zwischen den rutschigen Steinen hängen. Focke springt aus dem Wagen. Versucht, den Grund zu erkunden. Norbert gibt Gas, daß der Motor aufheult. Focke schiebt und flucht. Das Fahrzeug kommt frei, faßt wieder Grund. Focke wird noch ein kurzes Stück über eine Kiesbank mitgeschleift, hechtet dann in die offene Tür. Der Wagen verschwindet im Ried. Kurze Zeit später brechen die beiden mit dem Rover durch das mannshohe Schilf. Preschen über die Uferböschung. Tief taucht der Wagen mit der Schnauze in den Fluß. Kein Problem. Die Ostfriesen steuern den Rover sicher über die glattgeschliffenen Flußsteine gegen die starke Strömung. Der Wagen steht wieder auf unserer Seite. Als Focke die Beifahrertür öffnet, schwappt uns der halbe Fluß entgegen. Frösche verlassen quakend den Rover und springen ins rettende Schilf zurück.

Die Reisterrassen sind für die Teams nicht nur eine Augenweide, sondern auch immer das Zeichen dafür, daß nach der Hölle des Urwalds jetzt erst mal wieder ein Stückchen besiedelten Paradieses mit Nahrung lockt.

Als zweite starten die Frauen. Karin am Steuer hat Schweiß auf Oberlippe und Stirn. Das Startzeichen. Langsam rollt der Wagen in den Fluß. Dreht in der Flußmitte gegen die Strömung. Rutscht, holpert, stolpert – doch er bleibt in der Spur. Jetzt die schwierige Stelle, an der es aus dem Fluß über die Sandbank geht. Langsam, langsam – aber unbeirrt wühlt sich der Wagen am Ufer hoch, verschwindet im dichten Reet. Taucht wieder auf. Taucht ein in den Fluß, zieht schnurgerade herüber zu unserer Uferseite. Die Nerven haben gehalten. Kein Fehler und gut in der Zeit.

Auch die anderen Teams haben an der Aufgabe zu knacken. Der hochfavorisierte „Berge-Bayer" und sein Copilot Wolfgang bleiben hängen, der Wagen säuft im wahrsten Sinne des Wortes ab. Zündkerzenwechsel mitten im Fluß. Der „Berge-Bayer" flucht und schraubt. Keiner kann helfen. Also Zähne zusammenbeißen und durchhalten. Auch diese beiden schaffen es. Die beiden letzten Teams gehen mit der größten Ruhe ans Werk. „Major" Klaus läßt seinen Kumpel Hartwig-„Schmuckli" fahren: „Der kennt sich ja schließlich mit Steinen aus. Behauptet er jedenfalls immer." Die Zeit beweist, daß „Schmuckli" nicht nur mit Steinen gut umgehen kann. Ebenso souverän meistern Knuth und Christian die schwierige Flußprüfung.

Am Ende planschen alle wie weiße Maden im Fluß, während die Eingeborenen brüllend vor Lachen am Ufer stehen und sich über die unmögliche Hautfärbung der Fremden gar nicht beruhigen können.

Die Etappe geht weiter durch Reisfelder, durch kleine, unter Palmenhainen versteckte Dörfer. Wieder drängt die Zeit. Es wird schnell

Der Hinterreifen des Landcruisers zeigt die Spuren der Urwaldpiste – lehmiger Matsch, in dem die Räder nicht mehr fassen ...

Abendwolken über dem Sungai Ronkankiri. Die Idylle ist trügerisch, denn in der Nacht rauscht ein Tropengewitter ohnegleichen auf die Teams nieder.

Zeit ist auf Sumatra etwas anderes, als die „Trophy"-Fahrer es kennen. Eine neue Fährauffahrt bauen? Wozu? Man kann doch warten, bis der Schlamm getrocknet ist ... Doch für die 1000 Meilen Fahrer wird die Konstruktion zur Sonderprüfung unter Zeitdruck ...

Zwei Toyota-Landcruiser im Schlamm – jetzt müssen die Range Rover mit ihren Winden den Troßfahrzeugen aus der Klemme helfen.

Die Brücke vom Sungai Tandun kostete die Fahrer der Camel-Trophy mehr Schweiß, als beim Bau der River-Kwai-Brücke vergossen wurde ... Eine Sonderprüfung auf Zeit, bei der es auf den Millimeter ankam ... Und das bei Temperaturen und einer Luftfeuchtigkeit, bei denen die nassen Hände kaum das Steuer halten können.

gefahren. Kurz hinter einem Dorf will Jürgen, der Arzt, einem Radfahrer ausweichen. Er übersieht bei dem Manöver, daß links die Fahrbahn ausgespült ist. Der Wagen des „Doc" bleibt hängen, kippt nach links. Zwischen Beifahrertür und Reisfeld klaffen 15 Meter Abgrund. Jürgen springt auf die Straße. Gerd, sein Beifahrer und Journalist beim Norddeutschen Rundfunk, hechtet durch die Fahrertür hinterher. Die beiden haben Glück gehabt. Ein dicker Wurzelstock hat den Wagen vor dem Absturz bewahrt. Zitternd stehen sie auf der Straße. Da taucht der „Berge-Bayer" auf. Eine neue Aufgabe für den Bergungsexperten. Auf bayrisch werden die aus dem Dorf herbeigeeilten Eingeborenen angewiesen, ein Seil um eine in der Nähe stehende Palme zu spannen. Zwei Range-Rover werden so postiert, daß sie mit ihren Winden den Wagen freiziehen können. Als alles geschafft ist und das Fahrzeug wieder sicher auf der Straße steht, wendet sich Hans an den „Doc". „Ich brauch' jetzt meine Medizin." Jürgen versteht sofort und greift in seine Spezialtasche. Hans hat sich seinen Whisky redlich verdient.

Jetzt drängt die Zeit wirklich. Das hohe Tempo bringt die Fahrer fast an ihr Limit. Doch wir schaffen es nicht, vor Einbruch der Dunkelheit das Tagesziel zu erreichen. Die Stunden, in denen wir uns durch totale Finsternis kämpfen, werden zu einer Fahrt durch die Hölle. Wir sind im Flachland und müssen zahllose Flüsse und Bäche überqueren. Die Brücken, die jeweils die beiden Ufer verbinden sollen, sind oft nur mühsam als solche zu erkennen. Bohlen müssen auf Spurbreite gelegt, klaffende Spalten mit Sandblechen überbrückt werden. Im Licht der Scheinwerfer und Taschenlampen lotsen alle gemeinsam die Fahrzeuge über das morsche Holz. Die langen Stopps an den Flüssen kosten Zeit und zerren an den Nerven. Durch die Taschenlampen und die Innenbeleuchtung der stehenden Wagen werden jede Menge Falter, Käfer und Moskitos angelockt. „Hier sind Viecher drin, die sind so groß, daß sie schon Hoheitsabzeichen tragen müßten", schimpft der „Major".

Nach Stunden endlich Dalu Dalu, ein kleiner Ort mit einer Handvoll Hütten. Heute nacht ist kein Tisch, kein Fußboden zu hart. Wir schlafen sofort ein.

Wenige Stunden erschöpften Schlafes, dann geht es weiter. Für die Teams steht eine weitere Sonderprüfung auf dem Programm: eine Fährauffahrt. Neben der zur Zeit nutzbaren Zufahrt zur Fähre über den Sungai Rokankan gibt es noch eine alte Fährauffahrt, die jedoch inzwischen abgesackt und völlig verschlammt ist.

Die Teams müssen mit ihren Range-Rovern durch den achsentiefen Morast und dann noch etwa einen Meter Höhenunterschied zwischen Flußufer und Fähre überwinden. Wieder zahlen sich Ruhe und Überlegung aus. Mit Ungeduld und Hast ist unter diesen Bedingungen nichts zu machen.

Das Übersetzen mit der aus ein paar Baumstämmen zusammengezimmerten Fähre, die von einem asthmatisch keuchenden Motor getrieben wird, ist schon Alltag. „Wenn ihr in Hamburg über die Köhlbrandbrücke fahrt, guckt ihr ja auch nicht ständig nach, ob das Ding noch zusammenhält", flachst einer der Fahrer. „Eigentlich sind eure Überlebenschancen hier viel höher als zu Hause ..."

Allmählich weichen die Reisfelder der Steppe. Der Blick wird weiter. Hüfthohes, hartes Steppengras säumt die staubige Piste. In der Ferne sind noch die Konturen der Vulkanberge zu erkennen. Ein farbenprächtiger Sonnenuntergang lohnt die Mühe des Tages. Kurz nach Einbruch der Dämmerung ist Ujung Batu am Sungai Ronkankiri erreicht. Direkt am Fluß wird in einer großen Hütte das Nachtlager aufgeschlagen.

Wir sind mit der Zubereitung des Essens aus Reis, Tee, Hühnern und „Ketsup" beschäftigt, einige suchen bereits geeignete Schlafplätze. In dem geschäftigen Treiben ruft Focke plötzlich: „Wieso ist das so still hier?" Alles spitzt die Ohren. Es stimmt. Das ständige Quaken, Quietschen, Zirpen, Zerren und Keckern aus dem Urwald ist verstummt. Selbst das Rauschen der Blätter hat aufgehört. Es herrscht pechschwarze Finsternis. Kein Stern ist zu sehen. Totenstille. Schwüle Hitze lagert über dem nächtlichen Fluß, dessen stetiges Rauschen einem zaghaften Gluckern gewichen scheint. Da zerreißt jäh ein greller Blitz die Nacht. Palmen und Urwaldriesen werden für Sekunden als schemenhafte Schattenrisse erkennbar. Im taghellen Licht des Blitzes kann man die Hütten auf der anderen Flußseite deutlich sehen. Sekunden später öffnet der nachtschwarze Tropenhimmel seine Schleusen. Es rauscht und prasselt auf uns nieder, als hätte jemand dort oben alle verfügbaren Brausen gleichzeitig aufgedreht. In weniger als einer Viertelstunde ist der Fluß um knapp einen Meter gestiegen. Die Fähre, die uns auf die andere Seite bringen sollte, droht abzutreiben. Eingeborene, die ein paar Brocken Englisch können, erklären uns, daß nach einem solchen Tropengewitter die Fähre manchmal wochenlang nicht mehr fahren könne, weil Uferböschung und Verankerung vom reißenden Strom und den vom Himmel herabstürzenden Wassermassen weggerissen würden.

Wieder mal hat der Camel-Trophy-Bergungstrupp einem Einheimischen aus dem Dreck geholfen ...

Immer wieder durchzucken Blitze die Nacht. Für wenige Augenblicke wird es taghell. Der dichte Regen wird sichtbar, der die Palmen peitscht und den Fluß immer weiter ansteigen läßt. Stunde um Stunde vergeht. Gegen Mitternacht ist das Gewitter so plötzlich vorüber, wie es begonnen hat. Über uns strahlt wieder das Kreuz des Südens.

Nach dem Frühstück aus Copi (Kaffee), Kropok (Chips aus Krabbenmehl) und Bananen geht es dann doch über den inzwischen wieder träge dahinströmenden Sungai Rokankiri. Eine frische Brise kommt auf. Die Kühle des Morgens macht vergessen, daß schon bald erneut der Staub der Piste auf der Haut und in den Augen brennen wird.

Am Ufer des Flusses waten Männer, Frauen und Kinder im Wasser. Alle in leuchtendbunte Sarongs gehüllt, die um die Hüften gewickelt werden. Waschen, Zähneputzen –

Dschungel-Orientierung: Wenn der Range Rover im weichen Morast einsackt, dann müssen sich die Fahrer mit der an einem Baum verankerten Winde selber aus der Patsche winschen.

Der „Berge-Bayer" und Knut als Meisterköche unter den äußerst kritischen Blicken der Eingeborenen.

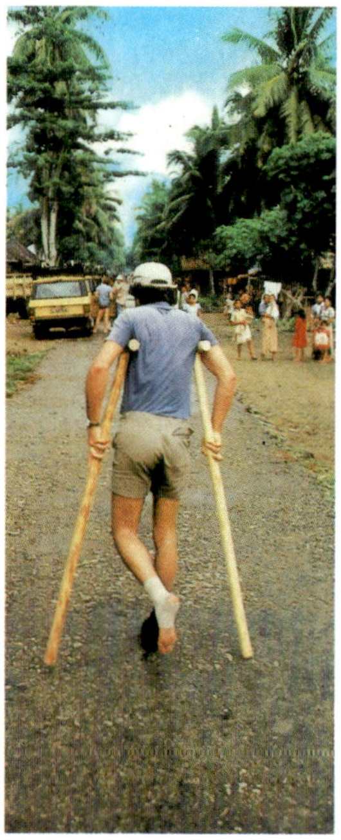

Andreas Bender, der Expeditionsleiter, hat sich den Knöchel verstaucht und macht als „Kölner Krücke“ weiter.

alles wird im Fluß erledigt. Daß nur wenige Meter flußaufwärts der Nachbar auch andere Geschäfte im Wasser erledigt, stört niemanden.

Den Menschen, die hier leben, bereitet ihre Unbekümmertheit in Sachen Hygiene keine Probleme. Doch für einige von uns gibt es inzwischen deutliche Beweise, daß unsere Körper diesen bakteriellen Belastungen nicht gewachsen sind. „Doc“ Jürgen hat alle Hände voll zu tun, während sein Arztkoffer langsam leerer wird. Zu Hause ist Durchfall eine Lappalie. In den Tropen kann der damit verbundene Wasserverlust zu einer ernsten Gefahr werden. Auch die Hitze fordert inzwischen ihre Opfer. Ein paar von uns haben Jürgens Warnung nicht ernst genommen und sind auch mittags bei der größten Hitze ohne Kopfbedeckung in der Sonne gewesen: Kopfschmerzen und Übelkeit sind die Folgen. Schimpfend verteilt der „Doc“ seine Medikamente: „Wenn ihr Dummköpfe vorher zuhören und gleich vorsichtig handeln würdet, dann bräuchte ich euch später nicht mit Pillen und Spritzen zu versorgen.“

Dem heutigen Etappenziel fiebert alles entgegen. In der Garnisonsstadt Bangkinang soll es sogar ein richtiges Hotel geben, behauptet „King-Kong“. Wir bleiben vorerst skeptisch. Wahrscheinlich wieder einmal eine „indonesische“ Wahrheit: es kann stimmen, muß aber nicht stimmen. Bis Mittag geht die Fahrt problemlos voran. Ein richtiges Off-Road-Vergnügen! Dann sind wir am Sungai Tandun. Ein wunderschöner Fluß in einem paradiesischen Stück Regenwald. Mit kleinen Fehlern. Der größte ist die Brücke über den Fluß. Die ist wahrscheinlich das letztemal von einem holländischen Kolonialbeamten auf ihre Stabilität überprüft worden – vor 25 Jahren. Das ehrwürdige Holzgebilde besteht überwiegend aus Löchern. Einige stehengebliebene Geländerteile lassen erkennen, daß die Konstruktion einmal ausgesehen haben muß wie die „Brücke am Kwai“.

Uns ist nicht nach Pfeifen zumute. Es wird gelost, wer mit dem Wagen und wer ohne Wagen abstürzen darf. Die „ohne“ machen die Lotsen. Wie auf Eiern gehen sie über die

Der einheimische Fahrer hat aufgegeben, die Teams der „Trophy“ mausern sich zu Bergungs-Experten. Für die Fahrer und die Winden ist auch dieser schwere Lkw kein Problem. Fünf Minuten später steigt der Lkw-Fahrer dankbar wieder hinter sein Steuer.

morschen Bohlen, prüfen Festigkeit und Abstand der Balken. Steht der Wagen dann auf einem sicheren Stück, werden die stabilsten Balken von hinten nach vorn geholt, um den gähnenden Abgrund zu überbrükken. Meter um Meter geht es mit quälender Langsamkeit voran. Und das alles bei einer Temperatur, die das Flußwasser zum Kochen bringen müßte. Der schöne frische Morgen ist vergessen. Jetzt regieren der Schweiß, Konzentration und Können. Wer sein Fahrzeug jetzt noch nicht bis auf den Millimeter genau kennt und es mit den Fingerspitzen lenken kann, kriegt vielleicht nie wieder eine zweite Chance dazu. Die Teams haben gut gelernt. Alle kommen hinüber. Am Abend fährt eine stolze Equipe in Bangkinang ein und erlebt ein kleines Wunder: Das von „King-Kong" gepriesene Hotel ist tatsächlich eine Herberge mit Betten. Sogar waschen kann man sich in großen Wasserbottichen. Was für ein Fest! Unter der Kruste und dem Staub kommen plötzlich wieder die fröhlichen Gesichter zum Vorschein, die zu Beginn der Camel-Trophy '81 noch aus jedem Wagen gelacht haben.

In der Nacht ist ein weiteres Tropengewitter über der Piste niedergegangen. Hinter der Stadt versinken die Wagen im Morast. Timber-Roads lösen die alte Kolonialstraße ab. Achstiefer Schlamm saugt an den Rädern. Der lehmige Boden, von hochachsigen Holzfahrzeugen und Sattelschleppern aufgewühlt, bietet den Autos kaum noch Halt. Im Schneckentempo kriecht die Kolonne mit heulenden Motoren voran. Immer wieder versackt einer der Range-Rover in einem Schlammloch. Die Feuchtigkeit, die Hitze und die quälenden Moskitos

Die größte Blume der Erde

Der Lexikon-Eintrag klingt nüchtern-botanisch: *„Rafflesia, stiel- und blattlose Schmarotzergewächse, welche auf den Stämmen und Wurzeln von Cissus-Arten wuchern und eine oft ungemein große Blüte treiben. 5–6 Arten auf Java, Sumatra und den Philippinen. Die Blüte, 1818 von Arnold und dem Gouverneur von Benkulen, Sir Stamford Raffles, auf Sumatra entdeckt, mißt einen Meter im Durchmesser, wiegt 5 Kilo, faßt gegen vier Liter Wasser und bildet somit die größte aller Blüten"* **(Meyers Konversations-Lexikon, 1896).**

Nur fünf bis sieben Tage ist diese Blüte im Jahr geöffnet, und so ist der Überschwang zu verstehen, mit dem Dr. L. Arnold den Fund an Sir Joseph Banks, den Linné Englands, meldete:

„Ich zeige Ihnen mit unaussprechlicher Freude an, daß ich das größte Wunder des Pflanzenreiches gefunden habe. Die Blätter der Blume und des Kelchs waren an den meisten Stellen ein Viertel Zoll dick (1 Zoll = 2,54 Zentimeter), aus dem Stengel strömte, nachdem ich ihn durchschnitten, reichlicher Saft. In seiner größten Ausdehnung war dies Prachtexemplar drei Fuß breit, die Blätter waren zwölf Zoll lang und ebenso breit, und die ganze Blume mochte fünfzehn Pfund wiegen. Diese Pflanze entsprießt, gleich den Champignons, aus der Rinde gewisser Bäume, sie hat ein halb animalisches, halb vegetabilisches Leben."

Soweit Dr. L. Arnold, den heute kein Lexikon mehr nennt. Er hat nur in der *Rafflesia arnoldi* **überlebt, die auch den Namen des Mitentdeckers Raffles trägt. Aber nach diesem ist wenigstens Singapurs berühmtestes Hotel benannt: das „Raffle's".**

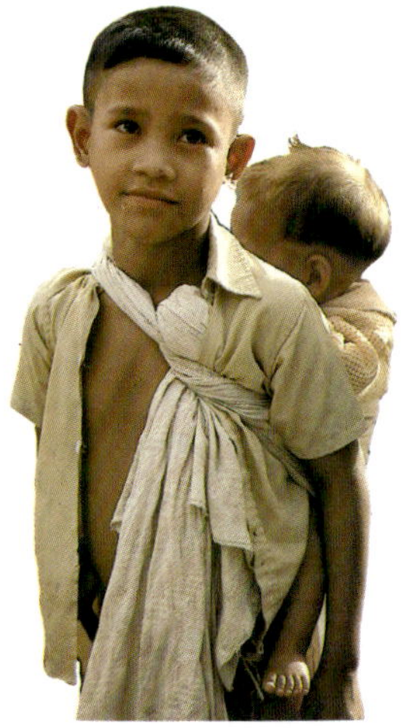

Und wenn die Mama nicht zur Stelle ist, dann tritt der ältere Bruder eben ein und macht den Babysitter.

sind kaum noch zu ertragen. Bleiben die Fenster geschlossen, ist die Hitze unerträglich. Sind die Fenster offen, stürzen sich die Moskitos auf uns. Wenn wir aussteigen, um die Räder aus dem Schlamm zu graben, fallen Blutegel von den dichtstehenden Büschen und Bäumen und saugen sich fest, wo immer ein Stück bloße Haut zu erwischen ist.

Mit Einbruch der Dunkelheit wird die Fahrt zu einer Rutschpartie ins Ungewisse. Plötzlich leuchten die Bremslichter der vorderen Fahrzeuge in einem alarmierenden Rhythmus. An einem Hang sind ein Bus und ein Lkw mitten in der Spur hangengeblieben. Der „Berge-Bayer" hastet nach vorn. „Sind die verrückt? Der Bus ist ja noch vollbesetzt!"

Als wir gestenreich erklären, daß wir die beiden Havaristen mit den Winden der Range-Rover aus dem Dreck ziehen wollen, sind die Fahrgäste des Busses keineswegs bereit, ihre Plätze zu verlassen. Wer weiß, ob man je wieder einen Sitzplatz bekommt, wenn man erst einmal ausgestiegen ist?

„King-Kong" setzt sich schließlich durch. Aus dem Bus von der Größe eines kleinen Kübelwagens klettern Männer, Frauen mit Säuglingen, Kinder – mindestens dreißig Menschen. Neugierig stehen sie am Pistenrand und begreifen nicht, warum sie noch weiter zurückgehen sollen. „Schick die Leute hinter die Bäume!" brüllt Hans. „Wenn die Seile reißen, reißt's die, die zu dicht stehen, auseinander!" „King-Kong" leistet wieder Überzeugungsarbeit. Mit drei Range-Rovern werden die schlammverkrusteten Fahrzeuge aus dem Morast gezogen. Auf dicken Lehmbrocken rutschen der Bus und der Lkw wie

Im gebirgigen Norden Sumatras mit seinen 29 Vulkanen, von denen noch 13 aktiv sind, mußten sich die Teams und ihre Range Rover auf glitschigen Serpentinen beweisen. Im sumpfigen Süden trieb dann der zähe Lehm-Matsch die Fahrer fast zur Verzweiflung.

auf Schienen den Hang hinauf. Nach Stunden ist der Weg endlich frei. Die Eingeborenen klettern laut palavernd zurück in ihren Bus und ihren Lkw. Für sie war die Camel-Trophy '81 mit Sicherheit der große Hit. Sie waren alle Sieger.

Am nächsten Tag überqueren wir den Äquator. Für einige von uns ein neues Erlebnis. Für die älteren Globetrotter eine willkommene Gelegenheit, ein noch älteres Ritual zu wiederholen. Äquatortaufe – mit Bier von innen und außen.

Die Morgensonne hat die Feuchtigkeit aus dem Lehm gesogen. Jetzt knirscht die Piste zwischen den Zähnen. Der Staub beißt in den Augen. Die Wassersäcke werden schlaff. Auf den Kühlern kann man nun in der Tat Spiegeleier braten. Aber wer denkt jetzt ans Essen? Fahren, trinken, husten. Immer schön die Augen auf. Auch wenn das Licht weh tut. Du hast es dir ja gewünscht, das Abenteuer. Nicht wissen, was im nächsten Moment passiert. Keine Vorfahrtsschilder, keine Geschwindigkeitsbegrenzung. Wenn du hier deine fünf Sinne nicht ständig beisammen hast, brauchst du überhaupt keinen Sinn mehr ...

Nach Sonnenuntergang wird gerastet: Uns steht eine Nachtfahrt bevor.

Der Urwald wird zum Labyrinth. Ein Gelände, das selbst bei Tag nicht klar einzusehen ist. Ein enges, weißgelb im Scheinwerferlicht aufleuchtendes Band: die Timber-Road. Links und rechts der pechschwarze Busch. Das Schreien, Zirpen, Keckern übertönt selbst die heulenden Motoren. Meterdicke Stämme von Urwaldriesen flitzen im Scheinwerferlicht vorbei. Buschwerk ist über die schmale Lehmpiste gewachsen. Keine Zeit, zu prüfen, wie dicht es ist. Durchbrechen! Die Piloten und ihre Navigatoren sitzen mit starr aufgerissenen Augen voll konzentriert in den Wagen, während draußen ein Film abläuft, den nur sie sehen können. „Nicht so schnell. Jetzt nach rechts. Zurück. Das geht ins Nichts." – „Aber der Weg sieht gut aus!" – „Quatsch! Da fahren wir nach Norden. Und wir müssen nach Süden." – „Aber ich seh' keine Spuren!" – „Na und? Sind die vor uns eben falsch gefahren." Vollbremsung. Der Rover schleudert, kracht mit dem Heck gegen einen Baumstamm. Fängt sich wieder. Der Fahrer auch. Kehrtwendung auf der Stelle. Keine Zeit für Schönheit. Weiter, weiter, bloß in der Zeit bleiben – und die Richtung halten. Das Ziel ist ein Holzfällercamp mitten im Urwald. Dort gibt es Licht. Dort gibt es Bretter zum Schlafen. Dort sind die anderen.

Ein Fischer am Sungai Ronkankiri: die Hast, der Lärm, der Trubel der Camel-Trophy sind vorüber, jetzt gilt wieder „jam kareh" - die Gummi-Zeit ...

Die Fahrzeuge

„Wo es im Dschungel weitergeht,
bestimmt der Fahrer ...!“

RANGE

Auch Spurenlesen muß man können. Wo andere vorher durchgekommen sind, da gibt es Chancen für den Nächsten. Doch eine Gewißheit gibt es nicht. Zu schnell ändert sich der Zustand der Piste im Dschungel. Ein zweiter Wagen ist deshalb die beste Versicherung für das Durchkommen.

Der wohlorganisierte Alltag in unserer zivilisierten, durchgeplanten Welt zwischen Arbeit und Freizeit gerät in all seiner Routine leicht zur Langeweile. Das Bedürfnis, zumindest zeitweise aus dieser Routine auszubrechen, etwas Neues auszuprobieren und sich selbst dabei auf die Probe zu stellen, läßt uns ständig nach neuen Wegen suchen, um diese Wünsche zu realisieren.

Reiseunternehmer haben sich inzwischen auf den Trend eingestellt, der für immer mehr Urlaubsreisende die neue Form des Urlaubs ist: weniger vorgegebene Organisation, statt dessen Möglichkeiten zur Eigeninitiative, zur individuellen Gestaltung der Freizeit. Daß in der Bundesrepublik die Zahl der Off-Road-Fahrzeuge in letzter Zeit sprunghaft zugenommen hat, nimmt vor diesem Hintergrund nicht wunder. Hier kann man schließlich in der Freizeit die gewohnten Wege verlassen und sich seinen Weg noch selber suchen. Hier – beim Off-Road-Fahren – muß der Fahrer mehr bringen, als nur bei rotem Licht die Bremse zu finden und zu wissen, daß man zum Starten den Zündschlüssel umdrehen muß. Reaktionen in Bruchteilen von Sekunden entscheiden darüber, ob Fahrer und Fahrzeug ohne Probleme über die Piste kommen. Der Reiz, die richtige Entscheidung treffen zu müssen – und das auch noch freiwillig –, lockt an jedem Wochenende Tausende von Off-Road-Fans ins Gelände. Für jeden Freund des Four-Wheel-Drive, für jeden passionierten Gelände-Freak sind die einmal jährlich stattfindenden Camel-Trophies das absolute Nonplusultra. Wie keine vergleichbare Veranstaltung fordert sie von Fahrern und Fahrzeugen ein Höchstmaß an Ausdauer, an

Mit der Zuverlässigkeit und der Zäheit von Maultieren kämpfen sich die Range Rover über die Piste. Es gibt nur einen Weg - den nach vorn! Deswegen wird auch da gefahren, wo kaum ein Durchkommen möglich zu sein scheint.

Konzentration, optimaler Ausrüstung sowie extrem hohem technischem und fahrerischem Können. Die Auswahl der Teilnehmer ist deshalb ein komplizierter, akribisch geführter Prozeß, in dem durch eine Vielzahl von Prüfungen dann die endgültigen Fahrer aussortiert werden. Wer auf der Strekke bleiben sollte, muß nicht unbedingt der schlechtere Autofahrer oder schlechtere Charakter sein – die Chance dabeizusein hat schließlich jeder. Aber wie bei einem Kunstwerk muß auch bei einer „Trophy" alles bis in das kleinste Detail fein aufeinander abgestimmt sein. Die Notwendigkeit, Menschen zusammenzubringen, die dann unter extremen Bedingungen miteinander auskommen müssen, in der Lage sein müssen, sich gegenseitig zu helfen, bestimmt eben auch die Auswahl der Teilnehmer mit.

Der absolut vorrangige Wunsch, die jeweiligen Camel-Trophies für alle Teilnehmer erfolgreich – also ohne Schaden – zu beenden, bestimmt natürlich auch die Auswahl der Geländewagen. Wie die Bilder dieses Buches zeigen, sind nicht bei allen Dschungeltouren die gleichen Fahrzeugtypen verwendet worden. Während der Transamazonica '80 über die ersten 1000 Meilen von Bélem bis Santarem fuhren die Teams in Ford-Jeeps, leichten Geländewagen ohne Hard-Top, sondern mit Segeltuchverdecks. Die übrigen Teilnehmer der Transamazonica '80 fuhren „Jegs", das sind von „VW do Brasil" speziell für Brasilien entwickelte Jeeps auf „Käfer"-Chassis. Die „Jegs" hielten sich trotz oder gerade wegen ihrer Leichtigkeit hervorragend auf der Staubpiste. Ob sie in dem Gelände, das dann später die Camel-Trophy

Sonderprüfung bei den 1000 Meilen quer durch Sumatra: eine Flußdurchquerung. Die Strecke kennen die Fahrer nicht – die ist „Neuland" für sie und ihre Wagen. Da muß man sich auf sich und seinen Partner verlassen können.

Oft trügt, was die Augen sehen. Dann spielt die Piste mit den Fahrern Verstecken. Deswegen muß der Fahrer die Piste mit den Reifen „fühlen". Mensch und Maschine werden für eine Zeitlang zu einer Einheit. Und wenn die Augen sagen, hier ist Schluß, dann spürt der Fahrer, daß es dennoch weitergeht.

Was jedoch der Busch auf keinen Fall entschuldigt, ist Selbstüberschätzung. Wer sich zuviel zutraut, lernt schnell die eigenen Grenzen kennen – und kann von Glück sagen, wenn diese mit der Kante der Piste identisch sind. Und bei der gemeinsamen Bergung schwört man sich, beim nächsten Mal besser aufzupassen.

Auch das gehört zu 1000 Meilen Abenteuer: Spazierfahrt durch das satte Grün des Busches. Die Frage ist nur, wie lange das Wetter und die Straße mitmachen. Denn schon nach wenigen Kilometern ist wieder Schluß mit der festen Piste. Und dann heißt es Wege suchen, wo es keine gibt.

'84 auf der Transamazonica durchquerte, eine Chance gehabt hätten, darf bezweifelt werden. Dafür fehlt es den kleinen Dingern einfach an Motorkraft – ganz abgesehen davon, daß die „Jegs" weder Vierradantrieb noch Differentialsperre besitzen.

Ähnliches gilt für die nur bei Transamazonica '80 eingesetzten Ford-Jeeps, deren größtes Manko bei der Fahrt über die knochenharte Wellbrettpiste der auf der Motorhaube montierte Ersatzreifen war. Nach ein paar hundert Kilometern zeigten sich auf den Motorhauben neben den Ersatzreifen ständig größer werdende Risse. Zusammen mit Vergaserproblemen und der Tatsache, daß der vorn links neben der Motorhaube sitzende Ersatztank durch das Gerüttel auf der Piste seinen Verschluß verloren hatte, führte das zu einem Vergaserbrand und schließlich dazu, daß der gesamte Jeep in Flammen aufging.

Die Erfahrungen mit den Fahrzeugen bei der Transamazonica '80 in Brasilien zeigten, daß für die nächsten 1000 Meilen Abenteuer bessere Lösungen gefunden werden mußten. Man entsann sich der Firma, deren Geländefahrzeuge seit der Weltausstellung in Amsterdam 1948 weltweit da eingesetzt und genutzt werden, wo Straßen keine Straßen mehr sind und für „normale" Autos kein Durchkommen mehr ist. Über den ersten Landrover schrieb die englische Fachzeitschrift „The Autocar" am 30. April 1948:

„Es gibt da eine Neuerung auf dem Automarkt, die zu beschreiben ist entweder als ein Privatauto, das neben dem reinen Transport auch noch eine Menge anderer Aufgaben lösen kann, oder man be-

Die Mittagshitze treibt in den Wagen – wie hier in Zaire – die Quecksilbersäule des Thermometers bis auf 60° C hoch. Und jeder Stopp läßt aus dem Wagen einen Backofen werden.

Brasilien. Wie ein endloses rotes Band zieht sich die Transamazonica durch den Regenwald. Der Dschungel rechts und links zeigt kaum Veränderungen. Die Piste dagegen bietet immer neue Überraschungen. Mal ist sie knochentrocken und wie ein Waschbrett geriffelt, mal läßt sie die Wagen bis über die Achsen im roten Schlamm versinken.

schreibt es als ein landwirtschaftliches Nutzfahrzeug, das aber gleichzeitig einen bequemen und schnellen Transport sicherstellt. Das spartanische, vierradgetriebene Fahrzeug ist gleichzeitig eine mobile Kraftstation, die die Kraft dahin bringt, wo sie gebraucht wird. Dreschmaschinen, Hebekräne und Sägen können über eine Welle betrieben werden. Die Winsch an der Frontseite des Landrovers bietet ebenfalls eine Vielzahl von Einsatzmöglichkeiten: etwa das Abschleppen von landwirtschaftlichen Maschinen oder beim Ausroden von Baumwurzeln im Gelände. Der Wagen ist von hohem Nutzen für alle diejenigen, die auf dem Lande leben, sei es kultiviert oder noch im Urzustand. Es ist ein Fahrzeug von beinahe unbegrenzter Einsatzfähigkeit." Während der Camel-Trophy quer durch Sumatra sollten also die Teamfahrzeuge aus den Werken von „British Leyland" kommen. Die Wahl fiel allerdings zunächst nicht auf den Landrover, sondern auf die nächste Generation – den Range-Rover. Ein Wagen, der neben seinen hervorragenden Geländeeigenschaften auch ein herrlich bequemes Transportfahrzeug mit ansprechendem Stiling ist.

Daß trotz aller Eleganz der Range-Rover nicht nur ein Auto zum Renommieren ist, sondern tatsächlich ein bulliger Geländewagen, bewies sich in Sumatra bei vielen Gelegenheiten. Die Zahl der im Schlamm steckenden Busse und vollbeladenen Lastwagen, die mit den Winschen der Range-Rover aus ihren Morastfallen herausgezogen wurden, ist beachtlich. Zäh wie Maultiere zogen die schnittigen „Ranges" ihren Weg durch den Urwald, ohne vor Flüssen, Bergen, Sand-, Schlamm- oder pulverfeinen Staubpisten zu kapitulieren. Die kraftvollen Winschen erwiesen sich auf dieser Strecke als unab-

Papua-Neuguinea. Wenn nichts mehr geht, dann muß man eben raus und den Wagen schieben. Oder tragen. Oder auseinandernehmen und in Einzelteilen weitertransportieren. Es gibt immer einen Weg. Man muß ihn nur finden.

„Der Berge-Bayer“

Am Ende jeder Camel-Trophy gab es nicht nur die glorreichen Sieger und die nicht minder tapferen Fahrer, die nach den Siegern das Ziel erreichten. Wo auch immer die 1000 Meilen Urwaldstrecke zu bewältigen waren, wie sorgfältig auch immer die Teams ausgewählt worden waren, wie perfekt auch immer die Organisation jede nur denkbare Situation schon im vorhinein zu planen versucht hatte – am Ende jeder Camel-Trophy entstand ein neuer Mythos, eine neue Legende. Jedes Rennen durch den Dschungel bewirkte – in einer eigenen Art von „psychologischem Filter“ –, daß sich einer der Teilnehmer zu *dem* Camel-Trophy-Typ gemacht hatte (wobei hier die Betonung auf machen, also etwas tun, etwas vollbringen, liegt).

Was alle diese „Trophy“-Originale gemeinsam haben: Sie waren in der Regel ruhige Gesellen, die eigentlich zunächst kaum auffielen. Erst während der Strecke zeigte sich dann, daß sie ganze Kerle waren, die durch ihren Einsatz, ihren Witz so manche schwierige Situation meistern halfen.

Alte Camel-Trophy-Hasen erinnern sich gewiß an den gemütlich-brummigen Knut Mentel aus Berlin, der schon bei der Einreise nach Jakarta zur zweiten „Trophy“ quer durch Sumatra angenehm auffiel, als er den etwas zu langsamen Zollbeamten auf berlinerisch anknurrte: „Kerlchen, noch ha' ick jute Laune. Aba wenn in swei Minuten mein Paß nich sauber jeschtempelt in meine Hand liecht, denn hau ick dir auf wie 'ne Baßjeije.“

Derselbe Knut Mentel mußte auf Wunsch von Journalisten irgendwo in Sumatra einige Male eine bestimmte Strekke fahren, die die Range-Rover besonders schön springen ließ. Als er nach dem vierten Flug etwas unsanft aufsetzte und sich dabei das Kreuz leicht lädierte, krächzte er dem besorgt hinzueilenden Expeditionsleiter entgegen: „Andreas, ick gloobe, ick ha' mir verflogen.“

Während der Camel-Trophy '84 packten bei einer Sonderprüfung die schlauen Männer aus Holland plötzlich seelenruhig einen Airbag aus dem Kofferraum, mit dem sie ihren festsitzenden Geländewagen über das Hindernis hoben. Die noch schlaueren Kollegen aus dem sonnigen Italien protestierten nicht wie die anderen Fahrer, sondern liehen sich von ihren Freunden den Airbag, um ihren Wagen ebenfalls über ein Hindernis zu hieven, und gaben dann mit bedauerndem Achselzucken das nach einem kleinen Spatenstich unbrauchbare Hilfsgerät zurück.

Von all den duften Typen, die uns während der bisherigen Camel-Trophies das manchmal schwererträgliche Durchkämpfen mit ihren Taten und Sprüchen erleichtert und ermöglicht haben, sei hier – stellvertretend für alle anderen – noch der „Berge-Bayer“ genannt: Hans Fischer aus der Nähe von München hat sich diesen Namen während der 1000 Meilen durch Sumatra redlich verdient. Keiner, der mehr Fahrzeuge aus Flüssen, aus Schluchten, von steilen Abhängen, aus Schlamm und Dreck geborgen hätte als er! Ein Mann, der seelenruhig – zumindest nach außen hin – während einer mißlungenen Flußdurchfahrt die Zündkerzen seines Range-Rovers reinigt, wieder einsetzt und weiterfährt – als wären nicht in diesen zwanzig Minuten zwei Kanus mit belustigten Eingeborenen an ihm vorbeigefahren ...

Der „Berge-Bayer“ verkörpert mit seiner urigen Art genau das, was während solcher 1000-Meilen-Rennen dringend gebraucht wird: Männer, die – ohne viele Worte zu machen – anpacken und tun, was eben zu tun ist!

Zaire. Die Fahrer schlucken Staub. Die Augen brennen, die Kehle ist ausgedörrt vor Durst. In jede Ritze dringt der Dreck, der sich auf der Haut mit dem Schweiß mischt.

dingbare Notwendigkeit: Die Begleitfahrzeuge der Trans-Sumatra-Trophy waren Toyota-Landcruiser – ebenfalls brave Geländewagen, aber leider ohne Winschen. Blieb eines von den Begleitfahrzeugen im Morast stecken, mußte ein Rover ran, um es herauszuwinschen. Die Vorteile der Range-Rover-Konstruktion zeigten sich während der 1000 Meilen quer durch Sumatra besonders deutlich, weil ein Teil der Camel-Trophy über eine alte, zwar seit langem vergessene, aber in recht gutem Zustand befindliche Kolonialstraße führte. Hinzu kamen beim ersten Teil der Strecke sehr enge, nur schwer zu befahrende Serpentinen. Geländewagen mit zuschaltbarem Vierradantrieb, die sich abseits der Straßen bestens bewähren, zeigen auf asphaltierter Strecke und vor allem in Kurven regelmäßig ein problematisches Fahrverhalten. Fährt man seinen Wagen ohne Vierradantrieb, kann eventuell zu spät eine problematische Teilstrecke eingesehen werden, hängt der Wagen im weichen Untergrund fest, weil er im Augenblick wie ein normales Stadtauto gefahren wird. Ist der Vierradantrieb zugeschaltet, kommt es vor allem in engen Kurven zu unangenehmen Situationen. Die durch den zugeschalteten Vierradantrieb starr verbundenen Achsen drehen die beiden Kardanwellen gleichmäßig und Vorder- und Hinterräder auch. Nur müssen bei Kurven die Vorderräder einen längeren Weg fahren als die Hinterräder. Das

Zaire. Das Ergebnis eines gefährlichen Leichtsinns. Das Autoblech wird in der Mittagshitze glühend heiß. Wer dann auch noch bei laufendem Motor mit einem Kocher und Petroleum über dem Kühler herumhantiert, riskiert Leib und Leben. In Sekunden wird aus dem Landrover eine lodernde Fackel. Ausrüstung, Geld, Papiere – alles hin!

heißt, sie müßten sich schneller drehen als die Hinterräder. Eben das können sie nicht. Die Reifen „mogeln" sich also durch die Kurve, indem sie rutschen. Was das auf nassem Pflaster mit Kies bedeuten kann, läßt sich unschwer vorstellen.

Für die Strecke der Camel-Trophy durch Sumatra mußte deshalb ein Wagentyp gewählt werden, der sowohl im Off-Road-Gelände und auf Timber-Roads sicher zu fahren ist wie auf gepflasterten Kolonialstraßen und engen Bergstraßen mit Serpentinen. Bei Strecken dieser Art konnte der Range-Rover seine technischen Vorzüge gegenüber anderen Geländewagen ständig unter Beweis stellen. Der permanente Vierradantrieb des Range-Rovers hat nämlich im zentralen

Der traurige Rest: ein ausgeglühtes Wrack, in dem vergeblich nach irgendwelchen Überbleibseln geforscht wird. Jeder Leichtsinn wird im Dschungel hart bestraft. Der Urwald kennt keine Gnade.

Der verkohlte Rest eines stolzen Rovers. Nach wenigen Tagen wird aus den verbliebenen Teilen wahrscheinlich eine neue Hütte zusammengestückelt worden sein.

Kilometerweit ist die Qualmwolke zu sehen, die sich über dem brennenden Wagen erhebt. Dicker, öliger Ruß steigt von den brennenden Reifen auf. Unter Lebensgefahr war der brennende Rover aus dem Dorf gezogen worden, damit die Hütten und die anderen Fahrzeuge nicht von explodierenden Tanks ebenfalls in Brand gesetzt würden.

Die ersten 1000 Meilen über die Transamazonica. Ein trügerisch harmlos aussehendes Schlammloch auf der Piste. Und plötzlich steckt der Wagen bis über die Achsen im moderigen Schlamm. Jetzt hilft nur noch der Spaten, und dann müssen aus Baumstämmen Spuren für die Räder gelegt werden. Und das heißt, stundenlang in sengender Hitze schuften und schwitzen und sich von Moskitos zerstechen lassen.

Wenn einer der betonharten Termitenhügel im Weg ist, muß der Rammschutz herhalten. Für den spursicheren Landrover ist natürlich auch dieser Slalom kein Problem.

In solchen Fällen ist selbst mit der Machete nichts zu machen. Entweder man wartet, bis noch ein Wagen kommt, und versucht, den umgestürzten Baum aus dem Weg zu winschen - oder man spuckt in die Hände, greift zur Axt und schlägt sich den Weg frei. In solchen Situationen kommen Männern die Tränen, die sich für ganz harte Burschen gehalten haben.

Verteilergetriebe ein Differential. Dieses Differential gleicht die Drehzahlunterschiede zwischen Vorder- und Hinterrädern aus. Der Wagen geht souverän durch die engsten Kurven. Er fährt auf festem Untergrund so leichtfüßig und so elegant wie auf schmieriger Fahrbahn. Stets sind alle vier Räder im permanenten Eingriff und sorgen für sicheren Vortrieb.

So gut die technische Ausstattung und die Konstruktion der Geländewagen auch sein mag – ohne entsprechendes Können des Fahrers nutzt die beste Ingenieurleistung im Ernstfall nur wenig. Wann immer während der Camel-Trophies Situationen eintraten, in denen Wagen und Fahrer Gefahr drohte, war in der Regel mangelnde Zuverlässigkeit des Fahrers die Ursache.

Der Lohn des Leichtsinns heißt Leiden. Ohne Motorwinde hilft nur noch reine Muskelkraft dem Wagen von der Böschung. Eine zeit- und kräfteraubende Plackerei, die sich mit etwas Überlegung hätte vermeiden lassen.

Die Tücke der Dschungelpisten begreift jeder Fahrer schon nach wenigen Minuten und richtet sein Augenmerk entsprechend auf deren Zustand. Da gibt es zwar auch noch Fehleinschätzungen, aber das sind eher die Ausnahmen. Kritische Situationen entstehen dann, wenn kleine Unachtsamkeiten sich häufen. Das beginnt bei Nachlässigkeit gegenüber den Ersatzteilen und dem übrigen Handwerkszeug und setzt sich fort über Schludrigkeit beim Stauen von Werkzeug und Gepäck. Wenn auf den tückischen Urwaldpisten die Wagen plötzlich bocken wie die Wildpferde, wenn dem Fahrer ein schwerer Koffer ins Genick kracht oder falschgestaute Benzinkanister die Verschlüsse verlieren und das Benzin plötzlich durch den Wagen schwappt, ist es zu spät für die Erkenntnis.

Die Wagen sind unter diesen extremen Bedingungen weit mehr als nur Transportmittel. Sie sind auch Wohnung, sind ein enger, überschaubarer, kontrollierter Lebensraum für fast zwei Wochen. Wer während einer der Camel-Trophies je gezwungen war, auf der Strecke in einen anderen Wagen zu steigen und dort ein paar Tage mitzufahren, kennt das Gefühl der Fremde. Mit sicherem Griff finden die „angestammten" Fahrer alles im Wagen, was sie suchen. Ob Taschenlampe, ob Klopapier, ob Feuerzeug, Hammer, Schaufel, Trinkwasser oder eine Dose mit Konserven – sie wissen, wo die Sachen sind. Es braucht keine Zeit, es gibt keine Ablenkung, und es klappt. Der „Fremde" muß wegen jeder Kleinigkeit fragen. Das stört die Konzentration der Fahrer und führt automatisch zu Span-

Mit der Fähre über den Rio Tocantins in Brasilien. Der Ponton wird mit Autos vollgeladen, bis wirklich auch der letzte Zentimeter Platz genutzt ist. Schnaufend und stampfend, mit sich verschluckendem Diesel, schiebt das kleine Fährboot sich dann wie einst die „African Queen" über den Fluß.

Mit mißtrauischer Gelassenheit lehnen die brasilianischen Garimpeiros an der Reling: Was wollen diese Gringos bloß hier im Busch? Etwa ihnen im nächsten Goldgräbercamp Konkurrenz machen?

nungen, die wiederum das Team in eine psychologische Situation versetzen, die ihnen und der „Trophy" nicht genehm sein kann.

Seit der 1000 Meilen durch Sumatra stellte „British Leyland" die Fahrzeuge für die Camel-Trophies: Range-Rover für Sumatra und Papua-Neuguinea; in Zaire und bei der Trophy '84 über den zweiten Teil der Transamazonica waren es die in Asien, Lateinamerika und Afrika bestens bekannten Landrover. 30 Jahre Erfahrung, die die Leute von Leyland von überallher mit nach Hause brachten, haben aus dem Landrover ein Auto gemacht, auf das die Menschen, die diese Gegenden kennen, sich in diesen Gegenden auch verlassen können.

Wie sehr man sich auf diese robusten Geländewagen verlassen kann, zeigte sich bei den Camel-Trophies zu vielen Gelegenheiten.

Während der Camel-Trophy '84 über die Transamazonica war an einer Stelle nach langem Regen einer der zahlreichen Flüsse über die Ufer getreten und hatte ein etwa 500 Meter langes Stück Piste überflutet. In dem schnellströmenden Wasser, das Zweigwerk und Treibholz mit sich führte und das flußabwärts immer mehr Sand von der ursprünglichen Straße mitriß, war die Spur nur noch zu ahnen. Die Entscheidung, das Risiko der Flußdurchquerung zu wagen in der Hoffnung, auf die Furt zu treffen, schien vernünftiger, als noch länger zu warten und vielleicht zuzusehen, wie der Fluß die Straße endgültig wegschwemmte. Also Differentialsperre rein, kleine Untersetzung und zweiter Gang und los! Wie ein Amphibienfahrzeug rauschte der Landrover durch den Fluß, eine kräftige Bugwelle vor dem Kühler. Etwa in der Mitte des Flusses passierte es dann. Aus Furcht, den Wagen über die linke Kante des zur Stromschnelle gewordenen Pistenrandes zu setzen, zog der Fahrer den Wagen zu weit nach rechts und kippte über die unter dem strömen-

Nach jeder Flußüberquerung sind die „Trophy"-Teams froh, es wieder einmal geschafft zu haben. Was sich hier großartig „Fähre" nennt, würde zu Hause in jeder Abwrackwerft abgelehnt werden.

den Wasser verborgene äußere Straßenbegrenzung. Der Landrover versank im Fluß. Durch die Schräglage lief das Wasser quer über die Motorhaube, der Innenraum war ebenfalls überflutet, lediglich der Fahrersitz ragte noch aus dem Wasser. Zunächst brachten sich natürlich die Fahrer in Sicherheit, weil damit zu rechnen war, daß der Wagen endgültig in den Fluten versinken würde. Er behielt aber seine Schräglage bei. (Wie später festgestellt wurde, hing er glücklicherweise an einem im Wasser verborgenen Busch fest.) Bis wir den Landrover endlich wieder auf dem Trockenen hatten, verging etwa eine Stunde. Während der ganzen Zeit lief der Motor des zu zwei Dritteln im Wasser liegenden Fahrzeugs unbeirrt weiter! Das zum Dach hochgelegte Luftansaugrohr, ein offensichtlich präzise und gut abgedichteter Motorraum sorgten dafür, daß während der Bergungsarbeiten der Auspuff munter in dem Fluß weiterblubberte.

Die Landrover der Trophy '84 und ihre Extras

Für die Camel-Trophy '84 hatte der Sponsor Reynolds von Austin-Rover die neuen Landrover 110 mit ein paar Extras ausrüsten lassen, um den Team-Fahrern bessere Chancen im Kampf gegen die harte Dschungelpiste zu geben:

- **ein zum Dach hochgezogener Luft-Ansaugstutzen**
- **ein zusätzlicher 45-Liter-Tank**
- **ein zusätzlich verstärkter Prellbock**
- **zusätzliches Ersatzrad**
- **Feuerlöscher**
- **Gepäckträger über die volle Länge des Daches und fest montierte Leiter**
- **vier Sandbleche**
- **ausladende Spiegelhalterungen**
- **von Hand bewegliche Suchlichter, an der Spiegelhalterung montiert**
- **zusätzliche Scheinwerfer an Dach und Front montiert**
- **vor dem Kühler montierter Kuhfänger mit integriertem Schlagschutz**
- **vier Ersatzkanister**
- **Axt, Pickel und Schaufel**
- **Elektro-Winsch am Kühler montiert**

Nachtorientierungsfahrt auf Sumatra. Die Brücke hat sich in ihre Bestandteile aufgelöst. Hinter dem Wagen werden die stabilen Balken weggeräumt und vor die Vorderräder gelegt.

Bei einer anderen Gelegenheit bewies der verwendete Landrover 110 sogar exzellente Flugeigenschaften. Es geschah etwa 200 Kilometer vor Manaus, als eine trügerisch asphaltierte Teilstrecke die Fahrer zu wahnwitzigen Geschwindigkeiten von 80 km/h verleitete. Der Landrover des Expeditionsleiters fuhr den anderen weit voraus an der Spitze. Bis an einer Stelle der Asphalt sich zu einer kaum zu erkennenden Bodenwelle gesenkt hatte: Von dort kam der Wagen wie aus dem Katapult geschossen herausgeflogen. In etwa eineinhalb Meter Höhe flogen die rund zwei Tonnen Rover zehn Meter weit, setzten kurz auf und sprangen noch einmal vier Meter, um dann endgültig die Fahrt am Boden weiter fortzusetzen. Der auf dem Beifahrersitz klebende englische Competition-Manager mochte es selbst kaum glauben, obwohl er die Rover in- und auswendig kannte. Nachdem sich alle Insassen vom Flugschock erholt hatten, maß er zunächst einmal präzise die an den Reifenspuren erkennbare Flugstrecke nach. Dann lobte er den Fahrer, der während seiner „Pilotenprüfung“ ei-

Auch bei Tageslicht haben die baufälligen Brücken noch ihre Tükken. Nicht alles, was stabil erscheint, ist tatsächlich stabil: Witterung und Termiten hinterlassen in den Balken ihre Spuren. Der Beifahrer wird in solchen Situationen zum lebenswichtigen Spurenleser und Lotsen.

sern die Nerven behalten und das Steuer nicht verrissen hatte – was fatale Folgen gehabt hätte! –, so daß der Rover mit gerade ausgerichteten Vorderrädern aufsetzte und entsprechend weiterfahren konnte. Während er alles sorgfältig notierte, murmelte der Competition-Manager mit typisch englischem Understatement: „Sehr gute Flugeigenschaften. It is indeed a very good car."

Probleme machten die Rover-Fahrzeuge also wirklich nicht. Worüber die Fahrer in der Regel schimpften, war nur die mit 60 PS etwas niedrige Motorleistung der 110er Modelle. Bei mancher nicht enden wollenden Schlammstrecke, zumal, wenn es anschließend auch noch bergauf ging, hätte ein wenig mehr Motorkraft den Fahrern sehr viel geholfen. Was außerdem vermißt wurde, waren Umlenkrollen für die Winschen. Die eigentlich serienmäßig mit zur Ausstattung gehörenden Umlenkrollen waren aus unbekannten Gründen in den Wagen nicht zu finden. Die ausgezeichneten Winschen, die nicht nur die Camel-Trophy-Fahrzeuge aus bodenlosem Morast holten, die riesige Baumstämme heranzogen, wenn mal wieder eine Brücke zu bauen war, und die nebenbei so manchem vollbeladenen Lkw oder Bus aus der Notlage halfen, waren ohne die Umlenkrollen einfach überfordert. Seilrisse waren die Folge, die mit den Umlenkrollen an Bord hätten vermieden werden können.

Was außerdem angenehm auffiel – gerade unter Bedingungen, wo Tankstellen Seltenheitswert hatten –, war der geringe Kraftstoffverbrauch der dieselgetriebenen Landrover 110. Bei einem sogenannten „Economy-Run", einer Spezialprüfung, durfte nur mit dem im verplombten Reservetank vorhandenen Kraftstoff gefahren werden. Der Tankinhalt von 40 Liter Diesel reichte dabei durchschnittlich fast 350 Kilometer – und das bei einer Strecke, die Fahrzeug und Fahrer das Letzte abverlangte.

Zwei typische „Trophy"-Situationen: Die halbe Rolle mit dem Rover hätte sich der Fahrer ersparen können, wenn er ruhig und kühlen Kopfes über die Bohlen gefahren wäre. So wie jener Fahrer, der sich bedächtig, aber erfolgreich über die Brükke schiebt.

Von großer Wichtigkeit bei einer Dschungelfahrt ist neben der reinen Technik auch die übrige Art der Ausstattung, weil während der 1000 Meilen Urwaldpiste der Wagen mehr als nur Transportfahrzeug ist. Bei guter Stauung des Gepäcks konnten die Landrover drei Leuten als Schlafplatz dienen. Und regensicherer als eine Hängematte sind die Wagen allemal ...

Lieber eine Schlange im Auto

Krankiman mit Mausgras
im Kaiser-Wilhelm-Gebirge

Wenn an einer Strohhütte „Police Station" steht, dann ist das eben ein respektheischender Ort in Neuguinea, vor dem der Untertan mit seinem Regenschirm Haltung annimmt ...

Vor der Filiale von „Barclay's Bank" in Mount Hagen stand ein älterer Papua in dunkelblauer Uniform. Ein Chromschild glänzte an seiner Brust, die Inschrift „Security" blitzte auf, und in der Linken trug er einen gut zwei Meter langen Bogen, in der Rechten ein Bündel Pfeile mit hübsch geschnitzten Holzspitzen.

„Rausim Moni oder reinim Moni?" fragte er und stützte sich lauernd auf seine Waffe. Pidgin-Englisch, die reinste Landessprache. Ich wollte Geld umtauschen, Dollar in Kina, die sündhaft teure Währung der Republik Papua-Niugini. Geld rausholen also – da antwortete ich: „Rausim, rausim", und er ließ mich passieren.

Bis heute weiß ich nicht, was er getan hätte, wenn es meine Absicht gewesen wäre, etwas einzuzahlen.

D-Day in Papua-Niugini. Die Invasion der „Kamele" war angerollt. Eine Company von 57 Fremdlingen aus zwölf Nationen in 28 Autos, die Straßen befuhren, auf denen bisher kaum einer zu gehen gewagt hatte. Motto: „Lieber eine Schlange im Auto, als mit einem Auto in einer Schlange."

Nein, Staus sind unbekannt auf der zweitgrößten Insel der Erde. Nie geschaut, so etwas wie diese Invasion. Und unvergeßlich wahrscheinlich für die Papuas. Es war, als hätte eine Zeitmaschine Menschen des Atomzeitalters in die auslaufende Steinzeit versetzt. Im Parlament von Port Moresby sitzen zur Hälfte Analphabeten (und betreiben eine der saubersten Demokratien der Dritten Welt). Und dann kommen da welche, haben ihre eigene Faß-Tankstelle aufgeladen und reden miteinander über kleine, schwarze Zauberkästchen, was sich Funksprechverkehr nennt.

Wiegende Palmen, ein lauer Abend in den Tropen: Madang an der Ostküste von Neuguinea. Noch einmal, zum Finale, zünden die Teams ihre „Christbäume“ an und donnern über die Uferpromenade. Dschungel ade ...

Spalier für die Fremden „aus einer anderen Welt“: Wo immer der Konvoi auftaucht, der durch den Urwald gefahren ist, müssen die Eingeborenen sehen, wer so etwas Unbegreifliches tut. Anderswo, und vor allem in Neuguinea.

Von der Mitte der zweitgrößten Insel der Erde aus rund um die Stadt Mount Hagen und dann hinunter zur Küste, dem Ziel in Madang. 1540 Kilometer lang war die Camel Trophy '82.

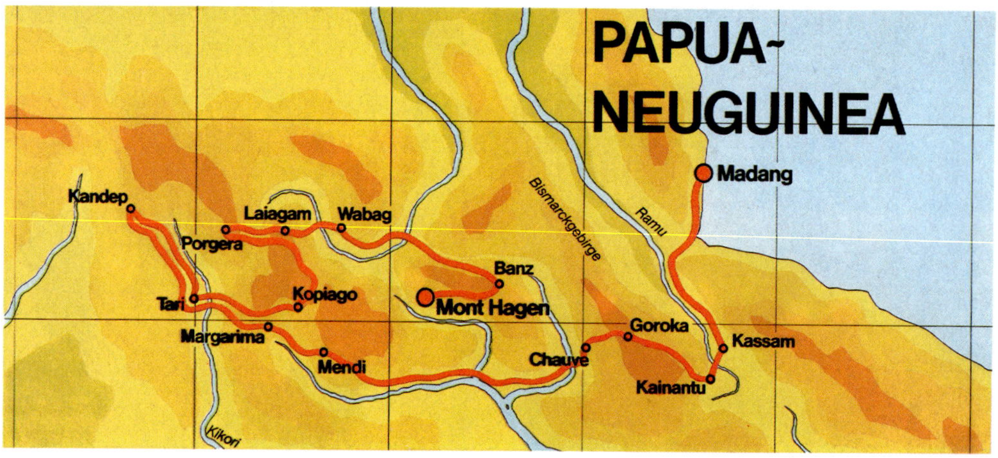

Ein sonderbares Volk aus der Ferne. Däniken seitenverkehrt. Waren die Götter Kamele?

Zum Glück herrschte gerade Wahlkampf auf Neuguinea. Da hatte die Regierung zwar den Bierausschank einschränken lassen, „um die Zahl der Toten möglichst niedrig zu halten“ (schrieb die Landeszeitung „Niugini-Nius“ – Nius wie News), aber wenigstens fuhren noch ein paar andere Fahrzeuge durch die Landschaft. Mit Lautsprechern („Votim, votim!“) und Aufklebern („Votim Pangu Pati“ – Pati wie Party wie Partei).

Bis wir sie abhängten im Hochland um die Kaiser-Wilhelm-Berge

und die Bismarck-Hügel, wo die Straßen auf Zugspitz-Niveau ansteigen, 25 Prozent Gefälle keine Seltenheit sind und wohin sich kein städtischer Papua allein und im Dunkeln traut. Geisterland – ehemalige deutsche Kolonie. Gab's da nicht mal Kannibalen? Fragten uns die Städter. Nicht wir sie. Waren die Götter Vegetarier?

„Kaml Tropy." Unser Kandidat im Wahlkampf. „Camel Trophy" auf Pidgin-Englisch. Stand ja schließlich auf den Klebedingern, die die Fremdlinge verteilten. Darunter der Spruch: „Lieber im Sumpf übernachten, als eine Nacht versumpfen." Na ja. Auf Pidgin lautet das: „Gut sleep bilong ples i-gat wara, nogut ivning bilong longlong long Whisky."

Eine Weisheit, die Papuas zur Salzsäule erstarren ließ, wann im-

Krankiman mit Mausgras

Pidgin-Englisch ist eine heiter-einfache Sprache ohne Grammatik und Deklination. Es diente als Verständigungsform zwischen Engländern und Chinesen und wurde in Papua-Neuguinea Staatsprache. Bedingt durch die deutsche Kolonialzeit, finden sich durchaus auch für uns erkennbare Sprachelemente darin. Hier ein paar der markantesten Begriffe:

BART	**Mausgras (Gras am Mund)**
BETRUNKEN	**Long Whisky**
SEHR BETRUNKEN	**Longlong long Whisky**
DIREKTOR	**Bosboi**
FIEBERMESSEN	**Givim Glas long**
GESCHLECHTS-VERKEHR	**Puspus**
HOTEL	**Haus drink**
IDIOT	**Krankiman**
KRANK	**Sik**
GESCHLECHTS-KRANK	**Sik nogut**
KRANKEN-SCHWESTER	**Misis Dakta**
LAKEN	**Laplap Bet**
PYJAMA	**Klos bilong Slip (Kleidung, die zum Schlafen gehört)**
SCHIMPFEN	**Tok nogut**
SCHLAFZIMMER	**Rum Slip**
SPIEGEL	**Glas bilong luk-luk**
WÄRMFLASCHE	**Botol Gumi**
ZEITUNG	**Smokpepa (Papier zum Rauchen)**

Als Andreas Bender, der Expeditionsleiter der Camel Trophies, die Tour '82 durch Papua-Neuguinea vorbereitete und eines Tages von seinem Kamerateam getrennt wurde, erreichte ihn folgende Nachricht, die ein des Schreibens kundiger Eingeborener verfaßt hatte. Auf dem Zettel stand: *„Kar slip liklik riva."*

Bender folgte dem Hinweis des Eingeborenen und sah das Auto des Kamerateams auf der Seite in einem Fluß liegen – es „schlief" ...

„Drive-Drive" trifft „Sing-Sing": So heißen die bunten, lauten Feste der Papuas, zu denen bis zu 10 000 Menschen von den Bergen und aus den Tälern kommen.

mer wir es ihnen übersetzten.

Hätte man ihnen denn die Philosophie von Unabhängigkeit, Individualismus und Abenteuer erklären können? Für sie waren wir die Wahlkampfkolonne des Herrn „Kaml Tropy", und so werden nicht wenige Papuas einen Monat später, als zu den Urnen gebeten wurde, für uns gestimmt haben. Wer will es ihnen verdenken?

Wenn nicht, wenn nicht ...

Denn eines Tages tauchte ein klapperiger Pkw am Horizont auf, hängte sich tagelang an den Troß der „Trophy". Und immer, wenn eine Dorfgemeinschaft vor ihre Hütten trat, um uns mit schrillen „Aiii", dem Vorzeigen der Neugeborenen und Hochspringen aus dem Stand zu begrüßen, kletterte ein älterer Herr mit graumelierten Schläfen und im typischen Wickelrock der Küstenbewohner aus diesem Vehikel, nahm die Huldigungen entgegen, küßte Babies und versprach ein besseres Leben.

Ein Schlauberger im „Laplap", wie der Rock dortzulande heißt. Damals der Präsidentschaftskandidat von Papua-Niugini, Oppositionsführer Sir Michael Somare. Der erste Premierminister nach der Unabhängigkeit des Landes, und später abgesetzt wegen ... ach, was kümmert's uns! Im Wahlkampf trat er an gegen seinen Nachfolger, Ministerpräsident Sir Julius Chen – und hatte den Wert kostenloser Werbung wohl erkannt. Somare zehrte vom

Die Wollmütze, der Rock namens „Arsegras" und der unvermeidliche Regenschirm: Ohne Scheu präsentieren sich diese Damen auf einem „Sing-Sing" dem Fotografen – die Taillen geschnürt mit breiten Gürteln aus weichgeklopfter, geflochtener Baumrinde.

Aufwand des Kollegen „Kaml Tropy", und wahrscheinlich hat er uns sogar ein paar Stimmen gestohlen.

Wir trafen ihn übrigens später in einer Bar wieder. „Bar", sage ich – dabei würde der alte Hemingway hier keinen Abend überstanden haben. In Wabak war das, einer Stadt, die man mit München vergleichen könnte: gebirgsnah und quicklebendig ...

Die 50 Quadratmeter große Bar war eine strohgedeckte Kneipe ohne Namen und besaß weder Stühle, Tische oder Theke. Man stand auf blanker Erde herum, und die Band – fünf Mann mit Eberzähnen durch die Nasen und Sicherheitsnadeln in den Ohrläppchen – spielte gar nicht mal übel. „One of us is crying" zum Beispiel, den ABBA-Song auf Pidgin. Aber zum Schutz vor seinen Fans saß das Quintett hinter Maschendraht, der bis zur Decke reichte. Das war der eine Käfig in dem Rundbau aus ockerfarbenem Lehm.

Im anderen hockte der Barkeeper auf einem Stapel Bierkisten, vor sich ein Loch, durch das eine Flasche quer hindurchpaßte, und neben sich einen Schießprügel. Der Käfig war so eng und derart dicht mit Stacheldraht umwickelt, daß der Keeper nur in die Luft feuern konnte. Was er in dieser Nacht mehrmals tat, als ihm die Kunden trotz Verhau an die Kisten wollten. Nachdem ihnen die Kina aus-

Ein Bild des Jammers – der Eindruck stimmt: das Gesicht hinter einer Lehmkruste versteckt, ihren Körper verhüllt hat diese junge Witwe.

Die wohlige Ruhe der Steinzeit auf dem Kopiago-See, hoch oben in den Bergen von Neuguinea. Ein Fischer kreuzt ein Seerosenfeld, von Zeit zu Zeit kreischt ein bunter Paradiesvogel. Wie im Loch Ness soll auch in diesem See ein Monster hausen, das die Papuas für gutartig halten und deshalb verteidigen.

Selbst wenn die Straße für einige Meilen gut befahrbar ist, holt der Alltag die „Trophy"-Teilnehmer schnell wieder ein. Die paar Meter über so eine Brücke kosten Zeit und Nerven.

gegangen waren. Eine ganz normale Pinte für Papuas – Nightlife in Neuguinea.

Rund 2,25 Millionen Bürger hat dieser Staat. Zwei Drittel davon sind Christen, um die sich Missionare aus 17 Religionsgemeinschaften streiten, indem sie Claims abstekken wie die Goldsucher. 750 000 Bürger Papua-Niuginis hängen noch Naturreligionen an. Kopfjägerei? Man lächelt. Kannibalismus? Wird als Prähistorie abgetan. Aber als die „Camel"-Teams in der Hauptstadt Port Moresby ankamen, berichteten die „Niugini-Nius" gerade in balkendicken Schlagzeilen: „Häuptling köpft Kollegen bei Stammeskrieg."

Christ oder Heide?

Dann gerieten wir mitten hinein. Die ganze „Trophy". 57 Teilnehmer aus zwölf Nationen. Es war hinter dem Dort Laiagam an einer Brücke, die über den Fluß Lagaip führt. Schon ein paar Kilometer vorher hatten wir bemerkt, daß Dörfer oft wie ausgestorben dalagen: Keine Menschenseele zeigte sich. Eigenartig! Bis einer an unsere Autos gehuscht kam und „Pait!" flüsterte – Krieg! – und gleich wieder ins Unterholz verschwand.

An der Brücke dann drängten sich Krieger in Hemd und Hose. Die Gesichter bemalt und in den Fäusten das Waffenarsenal der Vor-Pulverzeit: Speere, Bögen und Pfeile, Äxte aus Stein und Stahl, Keulen, Macheten und Messer aus Oberschenkelknochen.

Ein Schwein war ermordet worden. Den Täter hatte der Besitzer des Tieres nun seinerseits umgebracht, dabei aber einen Pfeil in den rechten Unterschenkel abbekommen. Vor unseren Augen holte er das 40 Zentimeter lange, zerbrochene Holzstäbchen aus sei-

nem Haar, wo es als Beweisstück steckte, demonstrierte, wie der Pfeil ihn verletzt hatte, und schob es dann triumphierend zurück auf den Kopf. Ja, so war's passiert. Wir hatten verstanden. Jetzt herrschte Krieg. Die Familie des Toten rüstete sich fünf Kilometer flußabwärts zum Kampf, und die Leute von der Brücke wollten der gegnerischen Partei in vier Lastwagen entgegenfahren. 80 Mann kletterten auf die Ladeflächen – da machten wir, daß wir wegkamen!

... da nimmt man eben all seinen Mut zusammen und tritt das Gaspedal bis zum Boden durch. Ein ganz „normales“ Streckenstück in Neuguinea.

Wer noch nicht weiß, wie ein Mittelstreifen aussehen kann, lernt das in Neuguinea sehr schnell. Wie fährt man nun? Als „Hobel“ in der ausgefahrenen Spur, als „Artist“ auf den Höckern aus Schlamm oder einfach außen herum.

Später lasen wir in den wie immer gutunterrichteten „Niugini-Nius“ von 15 Toten und 40 Verletzten.

Nicht einmal das Transistor-Radio, diese Lärmfolter der Dritten Welt, ist bis Papua-Neuguinea vorgedrungen. In den Städten läuft zwar „Dallas“ im staatlichen Fernsehen, aber fünf Kilometer weiter hockt einer am Straßenrand und quirlt Feuer aus zwei Hölzchen. Die östliche Hälfte dieser zweitgrößten Insel der Welt ist gespalten zwischen Stadt und Land, Tälern und

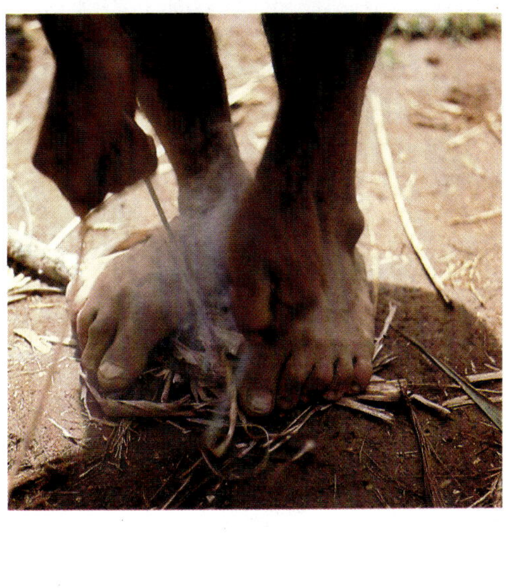

Wenn's regnet, sind Zündhölzer wertlos, den Feuerzeugen geht irgendwann mal die Füllung aus. Ein Papua verfügt stets über Feuer ...

Kaum sattsehen kann man sich an der Kunst der Papuas, das Werk des Schöpfers zu verbessern. In unser Lächeln mischt sich ein bißchen Neid ...

Bergen, moderner Demokratie und altertümlichsten Stammessystemen.

Zwei Tage in der Woche muß jeder Bürger Straßen bauen. Wie, das ist seine Sache – Hauptsache der Steuereintreiber kommt durch. Und wir. Sand, Steine und Holz liefert Mutter Natur. Dennoch hat die Hauptstadt Inselcharakter – keine einzige befahrbare Route führt nach Port Moresby. Der Verkehr findet auf dem Luftweg statt, Vietnam-Veteranen fliegen die kleinen Brummer der „Air Niugini" und landen angeblich, falls gewünscht, auch auf dem Dach eines Landrovers.

Die Camel Trophy war schon eine Woche lang unterwegs, da hockte in den zerklüfteten Schrader-Bergen, die mit hüfthohem Gras belegt sind wie mit hochfloriger Teppichware, plötzlich ein alter Mann vor einer zwei Meter breiten Brücke über einem drei Meter tiefen Bach. Sechs Balken, ein paar Bretter: einer längs, zwei quer und so weiter. Fordernd hob er die Hände, und wir reichten ihm Zigaretten hinaus. Die wollte er jedoch nicht. Ein paar Tuia, die Pfennige des Landes? Auch nicht. Er wollte stattdessen ein paar dicke „Nil" – das sind Nägel, um seine Brücke fertigzuzimmern.

Vermutlich waren wir die erste Autokolonne, die er je zu Gesicht bekommen hatte, vielleicht die einzigen Fahrzeuge auf Monate hin-

Die Phantasie der Papuas – Erfindergeist, der zu Schönheit verhilft: Unter dem Kopfputz aus Paradiesvogelfedern blinkt ein Stück Blechdose, das Gesicht hat den Ausdruck eines stolzen Kriegers, und das Kinn ruht auf dicken Lagen bunter Perlenketten.

aus. Wir waren die Chance und die Show seines Lebens. 28 Autos auf einmal. Wenn er die Nägel nicht von uns erhielt – von wem dann? Wir gaben sie ihm, und er wickelte den weiß-orangefarbenen Streifen aus dem Fell eines Opossums von seinem Schädel und schenkte ihn uns.

Plötzlich lernt man wieder, daß Straßen ohne Brücken nutzlos sind, eine Brücke aus Stämmen jedoch leicht herzustellen ist. Einmal platzte eine der zehn Geländeprüfungen der „Trophy", weil Papuas den Steg über einen Abgrund zerstört hatten. Ein amerikanisches Team stand ratlos am anderen Ufer und mußte sich die einzelnen Bohlen stangenweise zurückkaufen. Stangenweise Zigaretten sind hier gemeint.

Darüber verging eine volle Stunde mit Palaver, denn genau anschauen wollten sich die Wegelagerer diese „Ufos", diese „unbekannten fahrenden Objekte", ja auch noch.

Die „Schlamm-Männer von

Schön ist Neuguinea, Balsam für die Seele, die nach großen Flächen von Grün dürstet. Wer aus den Bergen kommt und hinab will zur Ostküste, sieht beispielsweise diese Szene: sanfte Hügel mit samtiger Gras-Teppichware, eine Straße wie eine Schlange und Wolkentheater am Horizont. Ein Bild für Götter ...

Die „Schlamm-Männer von Asaro" – früher mit ihrem Körperweiß und den Lehmmasken gefürchtete Gegner.

Asaro" sind die bekanntesten Gestalten Neuguineas: hellgrau mit Lehm eingeschmierte Krieger, die sich bis zu zehn Kilo schwere Masken aus Lehm über die Köpfe stülpen und mit Pfeil und Bogen im Zeitlupentempo Scheinangriffe führen. Sie sind erfahrene Kulturfilm-Lieblinge, Pflichtübung für Touristen und begehrte Motive für Titelbilder. So ist nicht mehr viel übrig von der wilden Unschuld des einst gefürchteten Stammes, der inkognito tötete.

Als wir auf die kleine Lichtung einbogen, auf der die „Mudmen" in Strohhütten leben, reichte man uns eine vorgedruckte Liste in lupenreinem Englisch:

1. Dreißig Minuten Scheinangriff – 100 Kina.

2. Scheinangriff mit Fotografieren auf und in den Autos – 150 Kina.

3. Jede weiteren fünf Minuten 10 Kina.

4. Es wird erwartet, daß die Zuschauer die Kultur des Stammes durch den Kauf von Souvenirs im Dorfladen nachhaltig unterstützen.

Auch das ist Neuguinea, und ein Kina kostet immerhin zwischen zwei und drei Mark. Papua-Wirk-

Ein Foto, in dem sich Welten begegnen: Ohne Scheu klettern die „Schlamm-Männer" in Autos und spielen Steinzeit-Chauffeure. Längst passé sind die Zeiten der Kriege ...

Die Drohgebärde vor einem Team-Auto. Es wird angenommen, daß die „Schlamm-Männer" ihre Masken früher deshalb trugen, um unerkannt zu töten - also nicht einer Blutrache unterworfen werden konnten.

Bis zu zehn Kilo schwer sind die Masken, die die Asaro bei ihren Tänzen tragen.

Ein Stadtrat aus der Ortschaft Tari, in der Amerikaner nach Öl bohren und Australier nach Gold schürfen ...

Eine Brücke für Menschen, nicht für Autos. Wer fährt hier schon?

Schwere Wolken hängen nach dem täglichen Regenguß tief über einem strohgedeckten Dorf. Verschanzt gegen die Straße, liegt es hinter einem grasbewachsenen Erdwall. Steil nach oben ausgerichtete Palmen fangen Regen und Sonnenstrahlen auf.

lichkeit '82 gegen Camel Trophy '82. Und es kann noch schlimmer kommen.

Bei Mendi, dem „Garmisch-Partenkirchen" der Rieseninsel, kam uns in rasender Fahrt ein Pkw entgegengeschlingert, geriet auf die falsche Straßenseite, rammte das korrekt fahrende erste Auto unserer Kolonne und landete im Straßengraben. Ein sinnlos betrunkener Papua im Anzug mit Krawatte kletterte aus dem Wrack und prügelte sofort auf die Insassen unseres ersten Wagens – zwei Deutsche und ein Eingeborener – ein.

„Bloß nicht wehren!" riefen die Polizisten aus dem Streifenwagen, den uns die Stadt ehrenhalber vorausgeschickt hatte. „Das ist der Provinzgouverneur."

Backpfeifen satt. Und später sagte unser Papua, das sei normal. „Hier ist der Stammesbezirk des Gouverneurs, da kann ich mich, der ich woanders herstamme, nicht wehren. Sonst schlagen sie mich tot." Und wenn das Ganze zehn Kilometer weiter in seinem Stammesbezirk passiert wäre? „Dann hätte ich ihn windelweich geprügelt."

So einfach ist das bei 700 Stämmen, die alle verschiedene Sprachen sprechen und oft keinen blassen Schimmer voneinander haben. Gouverneur hin – Gouverneur her. Die „Trophy" fuhr mitten hinein in eine unglaubliche Welt: In den Städten des Hochlandes, in Mount Hagen, Goroka oder Mendi, sitzen die reichen Kaffeepflanzer, die uns an der Bar kaltlächelnd 50 000 Mark pro gebrauchten Range-Rover boten und auch gleich „cash" zahlen

Wenn eine Brücke schon tagsüber ein Risiko bildet – wie bewältigt man sie dann nachts? Mit hellwachen Sinnen, viel Fahrgefühl und einer gehörigen Portion Mut.

Der Scherenschnitt einer Welt, die eben lernt, daß auch am anderen Ende des Meeres Menschen leben. Als die Teams einem Papua aus den Bergen erzählten, es gäbe ein Wasser, größer als seine Insel, glaubte er ihnen das nicht ...

Es ist irrsinnig heiß, wenn die Wolken reißen, das Quecksilber klettert bis auf 40°C.

wollten. Ein paar Kilometer weiter drin im Dschungel ziehen zwei Mann diesen Range-Rover mit Lianenseilen einen Tag lang aus einem Hochwasser führenden Fluß und erbitten anschließend zwei Kina Belohnung. Dabei hatten wir den Wagen, in den die Fluten bereits durch die Fenster strömten, schon aufgegeben ...

Auf dem Markt in Mount Hagen – die „Trophy" hatte Halbzeit – begegnete uns die erste Steinzeit-Emanze. Sie trug, was bisher den Männern vorbehalten war, und denen verschlug es bei diesem Anblick die Sprache: eine Axt aus dem blauen Basalt des „Jäh-li-me"-Tales (lesen Sie dazu den Bericht Heinrich Harrers auf Seite 119).

Ein furchterregender Anblick! Tja, aber dann liefen die Mädchen vom Stamm der Huli, oben in den Northern Highlands, oft kilometerweit neben den sich durch knietiefen Schlamm kämpfenden „Camel"-Fahrzeugen her und schrien: „Susu, Susu!" Was wir zuerst nicht kapierten. Bis eine ihr T-Shirt mit der Aufschrift „Go to Hell" lüpfte und ihre beim Dauerlauf wild hüpfenden, exzellent geformten Brüste zeigte.

„Susu" ist der Busen, die Milch

Markttag irgendwo in einem Dorf bei Mendi. Es sind Foi, die rund um den Kutubu-See leben und etwa 4500 Köpfe zählen. An Festtagen zieren sich die Männer mit Büscheln dunkler Kasuarfedern. Diesem genügt eine Grasmütze.

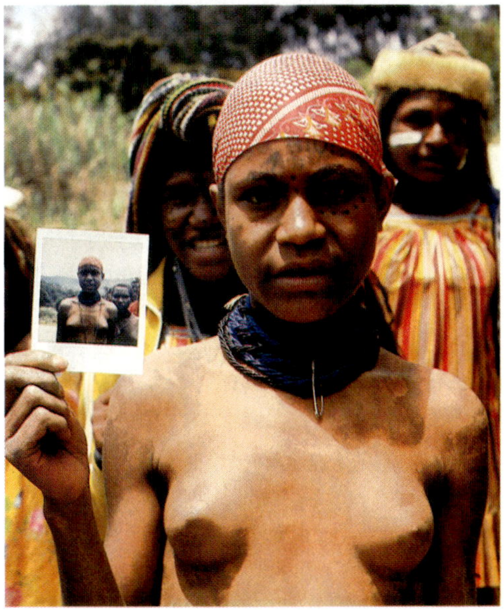

und die Fruchtbarkeit. Und gaben wir schon nichts fürs Mitlaufen, dann vielleicht für die Nacktheit.

Was kleidet einen Papua von Welt? Man kann das auf einen Nenner bringen und tut einem ganzen Volk unrecht. Die Natur bestimmt eben immer noch das tägliche Leben, ebenso wie der indische Laden mit seinem Ramsch aus Rotchina. Wir glauben, darüber erhaben lächeln zu können, weil wir uns drahtlos verständigen und selbst betanken – und stehen plötzlich dumm da in Nylon, wenn das erste tropische Gewitter herunterprasselt und wir tagelang nicht

Die Vögel des Paradieses

Wollte man den Papuas eine spezielle Fähigkeit zusprechen – man müßte ihr Gespür für Farben nennen. Niemand zwang diesen Mann, sein Wellblechhaus blau und den Türrahmen rosarot zu streichen.

Als der Magellan-Begleiter Antonio Pigafetta, ein Italiener aus Vicenza, 1522 die ersten Federn von Paradiesvögeln nach Europa brachte, glaubte man an Fälschung. Erst sehr viel später wurde klar, daß in einem fernen Teil der Erde Vögel von seltsamer Gestalt und ungewöhnlich prächtiger Farbgebung lebten, die nur aus dem Paradies stammen konnten; daher ihr Name. Da die ersten bunten Bälge stets ohne Krallen angekommen waren, nahm man an, sie hätten keine Füße.

„Bemerkenswert ist, daß den Paradiesvögeln zu all der Schönheit und Pracht, die das Gefieder der männlichen Tiere während des ganzen Jahres zeigt, zur Fortpflanzungszeit noch ein besonderer Schmuck in Gestalt merkwürdiger Federn an allen möglichen Körperstellen erwächst. Federn, die bald als lange Wimpel hinter den fliegenden Vögeln herflattern, bald kunstvoll zerschlissene Fahnen tragen, bald solche, die auf das Ende des dünnen, vollkommen kahlen Schaftes beschränkt sind und ungewöhnliche Formen zeigen."

Soweit Alfred E. Brehm in seinem „Tierleben".

Paradiesvögel wurden wegen ihrer Federn schon früh gejagt, aber ihr versteckter Lebensraum in Nordaustralien, auf entlegenen Molukkeninseln und in den Urwäldern von Neuguinea brachte eher die Jäger in Gefahr als die Gejagten. Zumal dort, wo Paradiesvögel anzutreffen sind, jahrhundertelang Pfeil und Bogen die modernste Waffe war.

Heute sind diese Vögel streng geschützt, und die Regierung von Papua-Niugini hat die Ausfuhr verboten, obwohl die Federn immer noch den Stämmen als Hauptzierde dienen und ständig Touristen angeboten werden.

Während vor etwa einem Jahrhundert noch 40 verschiedene Arten gezählt wurden, leben heute nur sieben Spezies in Neuguinea. Dort sind die Paradiesvögel leicht zu entdecken und noch besser zu hören – zeternd wie Spatzen und krächzend wie Raben. Neben Früchten fressen sie auch kleine Insekten und lassen sich problemlos in Gefangenschaft halten.

Sind es Huli, Melpa oder Simbu? Nur Ethnologen können die 700 Stämme von Neuguinea nach ihrem Äußeren unterscheiden.

mehr trocken werden. Dann stehen sie, die Belächelten, trocken da in den vielen Milchbars des Landes, an Hotelrezeptionen, in Banken und zwischen den Supermarktregalen – am Po ein frisches Bündel grüner Blätter bis in die Kniekehlen, um den Hals eine Trillerpfeife, um beim nächsten „Sing-Sing"-Dorffest den Takt mitblasen zu können, am linken Arm einen Regenschirm, und in der Rechten die unvermeidliche Axt, heute meist mit Stahlblatt.

Der Rest ist Stammestradition oder persönliche Eitelkeit. Die Eberzähne durch die Nase, der Perlmutthalbmond am Hals, die Federn von Paradiesvögeln im Haar, die bunte Naturkosmetik als Schmuck im Gesicht und der 30 Zentimeter breite Gürtel aus weichgeklopfter, oft wunderschön geschmückter Baumrinde.

Die Männer sind schöner. Die Frauen tätowieren sich zum Ausgleich dunkelblau. Der Herr trägt Schmuck, die Dame das Kind. Die T-Shirts, die sie uns abschwatzten, landeten bei den Frauen, denn die Männer benötigen ihre nackte Haut als Reklamefläche für die eigene Schönheit. Und sei es nur, um sich mit einer dicken Nadel das Schild mit der Aufschrift „Counciller" – Stadtrat – durch eine mittels Finger aufgequetschte Falte an die nackte Brust zu stecken.

So beobachtet im Ort Tari, in dem Amerikaner nach Öl bohren und die australischen Goldtransporte in bananenförmigen Hubschraubern mit Doppelrotoren aus den Bergen heruntergeschafft werden.

Neuguinea ist noch immer das Land der Geister. Die Unabhängigkeit konnte die Dämonen nicht vertreiben. Im Gegenteil: Die Wunderdinge der Technik nähren den Aberglauben, weil der Stammeskrieger sich rational nicht erklären kann, was er so alles zu sehen bekommt. So geriet sogar der Kandidat „Kaml Tropy" plötzlich in den Verdacht, heimlich auf Monsterjagd zu sein!

Es quakte im Walkie-Talkie, als wir das Zentrum der ehemaligen Kolonie Deutsch-Neuguinea durchquerten: Burgers Berg, Finschhafen, Eitel-Friedrich-Bucht, Anna-

Selbst wenn auf dem Markt mal Stoff zu haben ist, wird stets die Buntheit bevorzugt, passend zu den alten Ketten aus Samenkörnern. Und sie hat recht, diese Frau aus Mount Hagen – Gelb kleidet sie modisch.

Plötzlich ist die Straße versunken, die Route führt durch versumpftes Unterholz. Wenn jetzt noch Regen fällt, müssen die Scheinwerfer angestellt und Meter um Meter des Vorankommens ertrotzt werden. Oft muß der Beifahrer vorausgehen und sichern ...

berg, Kaiserin-Augusta-Fluß und Stephansort. Namen heute wie damals.

Das Walkie-Talkie gab Beunruhigendes bekannt – eine Straßensperre sei errichtet worden, bemannt mit Dutzenden von Kriegern, die die „Trophy" aufhalten wollten. Wir nahmen eine andere Route – nur der Koch geriet in den Hinterhalt, weil er über keinen Sprechfunk verfügte.

Aber so erfuhren wir wenigstens den Grund der Straßensperre: Wir waren am Loch Ness von Neuguinea angelangt, der „Lake Kopiago" heißt und ebenfalls mit einem freundlichen, jedoch scheuen Vorzeitdrachen bestückt sein soll.

„Wir erlauben euch nicht, daß ihr ihn mit euren Torpedos tötet!" schrien die Krieger. Torpedos? Da deuteten sie auf die Gasflaschen im Küchenwagen, mit deren Hilfe der Koch die Teams mit warmem Essen und Tee versorgte. Des Rätsels Lösung, und so klar! Denn was konnten wir dort oben schon wollen, wo sonst nur Gottes Wort verbreitet wird ...

Der Koch kehrte um und nahm ebenfalls eine andere Route. Das Monster haben wir deshalb leider nicht gesehen im stillen See, den die Einbäume der Fischer furchen und der langsam mit Seerosen zuwächst. Dafür schwirrten Dutzende seidiger, wie fliegende Blumensträuße wirkende Paradiesvögel von Baum zu Baum und plusterten sich auf wie ihr Abbild im Wappen von Neuguinea. Am Boden krochen

Ein Begleitfahrzeug ist in einen Abgrund gestürzt, scheint für die „Trophy“ verloren – aber mit Hilfe der findigen Papuas wurde das Fahrzeug zurück auf die Piste gebracht.

schwarze Käfer umher, groß wie Tennisbälle, und nachts krochen die „Trophy“-Teilnehmer unter Moskitonetze, denn hier am Kopiago-See ist die Malaria zu Hause.

Immer wenn ein bißchen Zeit war, verabredeten sich die Teams an irgendeinem Fluß, sprangen hinein ins glasklare Wasser und wuschen sich. Dann, sauber wie am ersten Tag, trafen sich alle wieder an der einspurigen Straße, die hinunterführte zum Zielort, der Hafenstadt Madang, und philosophierten:

Wie der Mensch aus der Neuzeit doch relativ hilflos ist in der freien Natur. Das Atomzeitalter entläßt Zivilisationskrüppel in die Wildnis, deren Instinkte verkümmert und deren Hände zu reinen Greifwerkzeugen degeneriert sind.

Bei der „Trophy“ mangelte es an keinem Ersatzteil. An fast alles hatten die Organisatoren gedacht – sogar an Nachtbeleuchtung für die Zigarettenbuchse am Armaturenbrett.

Und plötzlich fehlte, mitten im Urwald, ein so banaler Gegenstand wie ein Zündschlüssel. Weil ein schlauer Papua erkannt hatte, daß einem alle Ersatzteile und auch ein perfekt ausgestatteter Wagen nichts nützen, wenn man nicht vorankommt.

Als das passierte, galten plötzlich die Gesetze des Basars: „Du hast meinen Zündschlüssel, und ich habe sicher etwas, das du dafür eintauschen möchtest.“ Man palavert stundenlang, hockt zu 30 oder 40 Mann im Kreis beim Bier, verliert

Ein Halbkreis zum „Sing-Sing“: Spontan haben sich Papuas zum stundenlangen Kniewippen und ewigen „Sch-Sch...“ formiert. Männer und Frauen bilden eine bunte Reihe, eine Trillerpfeife gibt den Takt an.

Ein seltenes Bild der Ruhe! Fahrer und Papuas freuen sich über die willkommene Abwechslung. Im Lager werden Vorräte erneuert, Fahrzeuge durchgecheckt und die Ausrüstung für die nächsten Tage vorbereitet.

keinen Moment lang die freundliche Miene und tut so, als sei Sore Ware. Denn es wird nur teurer, wenn man dem Dieb klarmachen möchte, daß er unrecht hat.

Die Logik der Naturmenschen: Ich habe etwas, das du nicht hoch genug geschätzt hast, sonst hättest du besser darauf aufgepaßt. Zudem – ich bin arm, du bist reich. Was bietest du, Fremder?“

Als die Camel Trophy Neuguinea verließ, hatte sich der Preis für Zündschlüssel bei 60 Kina eingependelt – das sind 120 bis 180 Mark. Eigentlich enorm preiswert für ein Fahrzeug, das dem Kaffeepflanzer eben mal 50 000 Mark wert gewesen war, und das ohne Zündschlüssel im feuchten Dschungel verrotten würde.

Abends am Lagerfeuer wird den Teilnehmern bewußt, was sie in Essen, Mailand, San Franzisco und Den Haag verlernt haben: daß Tauschwirtschaft vielleicht doch sinnvoller ist als Supermarkt-Versorgung. Daß es schwierig für uns wird, wenn Beredsamkeit die Qualität der Waren bestimmt und Taktgefühl ihren Preis. Daß Stolz stärker ist als Gewalt, denn wo kein Kaiser ist, besteht auch kein Recht, und wer's eilig hat, der wird betrogen.

„Plötzlich ging mir auf“, bekannte ein Teilnehmer, „daß jedes Problem, das sich mit Geld lösen läßt, kein echtes Problem ist.“ Das mußten wir blitzschnell lernen in Papua-Niugini, die Einheimischen wußten es schon.

Auf der Talfahrt von Laiagam nach Porgera war einer unserer geparkten Pick-up-Trucks plötzlich fahrerlos in eine Schlucht gestürzt, hatte sich überschlagen und war – kaum zu glauben! – relativ unbeschädigt unten angekommen. Wert dieses Fahrzeuges in Neuguinea: rund 30 000 Mark.

Die Quelle der Steinäxte

Am 8. Mai 1962 enträtselte Heinrich Harrer das bestgehütete Geheimnis von Neuguinea – die „Quelle der Steinäxte", jene Stelle der zweitgrößten Insel der Erde, von der die Eingeborenen das dunkelgraue bis blauschwarze Material für ihre gefürchteten Waffen beziehen. Harrer notierte damals in sein Tagebuch:

Nach einer guten Stunde erreichten wir das Flußbett des Kiembe. Die Eingeborenen fällten riesige Baumstämme und schoben sie mit viel Geschick auf die andere Flußseite. Sollte das schon der Steinbruch sein, den die Papuas *„Jä-li-me"* nennen – die „Quelle der Steinäxte"?

Aber sieht so ein Steinbruch aus? Felsblöcke, die im Wasser liegen, sonst nichts. Andererseits hatten die Bergpapuas nie von einem Steinbruch, sondern immer nur von einer Quelle gesprochen ...

Es war *„Jä-li-me"*! Wir hatten unser Expeditionsziel erreicht.

Und nun erlebte ich, wie Steinzeitmenschen ohne Werkzeug harten Stein für ihre Äxte brachen. Dicht an einen großen, grünlich schimmernden Felsblock wurden sechs Meter hohe Holzstangen angelegt. Daran zogen die Eingeborenen ein Gerüst hoch und schichteten in zwei Meter Höhe eine Steinterrasse darauf, die sie mit Holz zum Brennen füllten. Mit Grasziegeln drängten sie dann die Hitze an die leicht überhängende Wand des Felsblocks. Immer wieder schürten sie nach, warteten und schürten, warteten.

Das Feuer brannte den ganzen Tag, und auch über Nacht glühte es weiter. Kurz nach Mittag des nächsten Tages wurde die Glut ins Wasser geworfen, und die Träger machten sich an die Arbeit. Mit Geröllsteinen, Keilen und Stangen rückten sie dem Block zu Leibe, und tatsächlich löste sich von dem heißen Stein nun Stück für Stück. Jeder versuchte, einen Splitter von dem kostbaren Stein zu erhaschen, und einige fingen auch gleich an, es auf Messerform zu bearbeiten.

Ein gelbes Band durch die grüne Unendlichkeit. Die Autos bewegen sich durch die Steinzeit – Fortschritt ist hier fast bedeutungslos!

Team-Wagen in der Einsamkeit. Wer hier eine Panne hat und allein ist, muß auf ein Wunder hoffen, das nie eintreten wird.

Am nächsten Morgen stand der Truck wieder oben auf der Straße. Heraufgeholt aus 40 Meter Tiefe. Die Papuas hatten einfach eine Trasse quer zum Hang geschlagen und den Wagen waagrecht herausgeschoben. So einfach ist das in der Steinzeit. 30 Mann hatten 18 Stunden daran gearbeitet. Stundenlohn pro Mann: 55 Pfennige.

Alles okay – soweit. Nur – da besaß der „Namba Wan Man" nun wieder den Zündschlüssel, und davon stand nichts im Vertrag. Außerdem hatte er sich, wie er behauptete, erheblich am Fuß verletzt, und das war nun überhaupt nicht okay.

Schließlich machte er mit schmerzverzerrtem Gesicht seine eigene Nachtragsrechnung auf:

Auto auf die Straße gebracht ... 300 Mark

Zündschlüssel ... 1000 Mark

Verletzung ... 1700 Mark

Der Pferdefuß dieser 3000-Mark-Bilanz war natürlich das Häuptlingsbein. Blessiert im Dienst der „Ufos". Der ganze Stamm litt mit dem „Nummer-Eins-Mann".

Kein Problem, meinten wir. Unter uns sei nicht nur ein Doktor (auf Pidgin: „Dakta"), sondern sogar ein Professor (auf Pidgin: „Namba Wan Dakta"), und für den sei es eine Ehre, das kranke Bein zu verarzten.

Der Professor sah sofort, daß die Wunde uralt war und niemals von der Bergungsaktion herrühren konnte. Aber er schwieg, streute weißen Puder auf den schwarzen Schenkel und legte einen Verband an. Das sah richtig hübsch aus, und die Papuas lachten.

Auf diese Weise kamen wir mit insgesamt 500 Mark davon statt der verlangten 3000. Aber der Missionar des Dorfes, ein Österreicher, las seinen Schäfchen später heftig die Leviten. Nicht etwa, weil sie einen unchristlichen Reibach versucht hatten, sondern weil sie den Wagen an einem heiligen Sonntag geborgen hatten – dem Tag des Herren und nicht der „Trophy".

Bei der Camel Trophy '82 fuhren zwei Italiener an der Spitze: der Südtiroler Bergführer Giuliano Giongo (41) und der Mailänder Unternehmer Cesare Giraudo (35). Gefolgt von dem deutschen Team Dr. Werner Weiglein (30), einem Chirurgen, und Peter Reinhold (38), einem Werbetexter.

Der Herr, der würdevoll dasteht, aber wenig würdevoll aussieht, ist ein „Offizieller": er wacht vor der Filiale von „Barclay's Bank" in Mount Hagen und kontrolliert die Kunden am Eingang.

Auch der Körper ist ein Teil der Ausrüstung

„Der Kampf des Menschen mit der Natur.
Oder was man so alles an Gefahren vermutet.“

So ziemlich alles, was flüssig ist, wird getrunken. Im Durst von 1000 Meilen vergißt man schnell die Angst vor Durchfall und Schmutz. Hier ist es Regisseur Wolfgang Grasshoff, der durch ein Loch in einer Brücke Flußwasser schöpft.

Als der britische Orientalist Sir Richard Francis Burton (1841–1890) seine drei Afrikareisen unternahm, trug er immer einen Schrittzähler der Firma Dixie in der Hosentasche. Mit seiner Hilfe rechnete er die pro Tag zurückgelegte Strecke in Meilen um.

Der Österreicher Heinrich Harrer (Jahrgang 1912) führte in seinem Gepäck stets eine leere Whiskyflasche mit. Sie übernimmt die Funktion von Wasserbehälter, Tasse und Spülklosett.

Der scheue Fritz Kortler, 46jähriger Wüstenwanderer aus Illertissen im Allgäu, kramt nichts weiter in einen Stoffbeutel als ein Paar Sandalen, Kamera, Zahnbürste und Koran. Mit dieser Ausrüstung zieht er bis zu sechs Monate lang durch die Sahara.

Drei Beispiele, drei unterschiedliche Ausrüstungen. Da kann man sich jetzt seine Meinung bilden über Sinn und Unsinn. Denn bei dem, was man einpackt zum Reisen, liegen Zweckmäßigkeit und Phantasie, individuelles Bedürfnis und schicker Firlefanz sehr eng beieinander. Safari ist Mode – aber was auf Münchens Leopoldstraße paßt, kann am Rio Xingu fast katastrophale Auswirkungen haben.

Würde man all jene Gegenstände sammeln, die auf den 5 x 1000 Meilen durch die Dschungel in vier Kontinenten mitgenommen wurden – man könnte ein skurriles Museum zusammenstellen. Thema: „Der Kampf des Menschen mit der Natur. Oder was man so alles an Gefahren vermutet."

Sumatra '82: eine heiße Nacht im April. Die „Trophy" lagert in einer leeren Schule. Glückliche haben die Bänke besetzt, später Kommende müssen mit dem Bretterboden vorliebnehmen. Es riecht nach „Autan", und in den Ecken werden Netzzelte gegen die Moskitos aufgebaut.

Da wandert ein Mann im gefleckten Khakizeug ohne Kopf durch den Saal. Erstaunt schrecken die Dösenden hoch – der Mann trägt einen schwarzen Gazebeutel über dem Haupt und gedenkt, hinter Gittern zu schlafen. „Was ist das denn?" wundert sich einer.

Das ist der neueste Gag aus dem Überlebenskatalog: das Moskitonetz, das man über die Ohren zieht und am Hals zuknotet. Natürlich nützt es nichts, weil die Blutsauger genau da stechen, wo das Netz am

Waschtag am Kongo: Zwei Teams lüften ihre Fahrzeuge und sortieren das Gepäck neu. Eine Strohhütte dient als „Garage" im Schatten eines Baumes. Willkommene Pause, um wieder Mensch zu werden.

Kopf anliegt – also überall. Zudem ist es unerträglich heiß in der Verpackung. Und tatsächlich erwacht der Mann am nächsten Morgen arg zerstochen. Das Netz ließ er in der Schule zurück. Wahrscheinlich filtern sie jetzt auf Sumatra Wasser damit.

Zum Thema Ausrüstung sagt ein populäres „Handbuch für Reisende" sehr richtig:

„Auf Reisen, Zeltplätzen und beim Lagern im Gelände ist genau zu überlegen, welche Ausrüstung man bei sich trägt und welche Gegenstände gelagert werden. Hier spielt das ‚Wie' eine entscheidende Rolle. Dinge, die leicht verlegt oder beschädigt oder oft benötigt werden, wie zum Beispiel Zündhölzer und Kompaß, gehören an den Körper. Alle anderen Gegenstände sollten ihren festen, den Begleitern bekannten Platz erhalten und sind nach Gebrauch dorthin zurückzubringen. Dinge des täglichen Bedarfs, wie Seile oder Äxte, sollten besonders leicht zugänglich gelagert werden. Niemals Teile der Ausrüstung auf den Boden oder in Schnee legen; lieber in die Tasche stecken oder gut sichtbar aufhängen."

Aber so viele Forscher, so viele

individuelle Erfahrungen und Meinungen. Konrad Gallei, der junge Berliner Polarforscher, hat zum Thema Ausrüstung folgende Regel aufgestellt:

„Nie Material eines anderen benützen, auch nicht leihweise. Immer nur das eigene, sonst ergeben sich unangenehme Reibungspunkte. Und nie etwas verlegen, was seinen festen Platz hat. Streichhölzer zum Beispiel, die immer an der gleichen Stelle auf dem Tisch liegen müssen. Sie schnell zu finden, kann vor allem nachts Leben retten."

Wie bei den „Trophies" Steinzeit und Neuzeit, Sinn und Unsinn aufeinander prallen, zeigte 1983 eine Szene in Zaire. Die Teams kamen in ein Dorf, gaben Zigaretten aus, und ein paar Teilnehmer kramten in den Taschen nach Streichhölzern und Feuerzeugen. Aber es hatte in Strömen geregnet, die Hölzchen funktionierten nicht, die Feuerzeuge waren im Gepäck vergraben.

Da setzte sich ein Eingeborener an den Straßenrand, holte zwei Hölzchen und etwas Laub, legte das auf seine Sandalen und „quirlte" binnen Sekunden ein nettes kleines Feuerchen nach alter Art.

Natürlich hatte der Mann aus Zaire schon von Streichhölzern gehört. Einer der Dorfbewohner besaß sogar, wie er stolz vorführte, ein Benzinfeuerzeug. Aber er wollte Treibstoff sparen und trug es als eiserne Ration am Gürtel. Und Streichhölzer? „Gehen aus", sagte einer. „Quirlen geht immer. Nur wenn's sein muß und nicht anders geht, benützen wir sie."

Kluge Leute! Sie besitzen die Technik, sind aber nicht abhängig von ihr.

Wenn man sich die Fotos auf diesen Seiten genau betrachtet, dann steckt im Verhalten der meisten „Trophy"-Teilnehmer ein gut Teil von dieser Improvisationsgabe: Moskitonetze werden zwischen

Der Schweiß blendet die Augen, duschen kühlt den heißen Körper. Zwei deutsche Teilnehmer bei der Transamazonica '80 in Brasilien: Jede Tonne ist eine Wanne, und der Kollege läßt's regnen.

Kotflügeln und Baobab-Bäumen gespannt, wem das „Autan" ausgegangen ist, der macht sich eine schützende Schlammpackung. Wasserflaschen baumeln an Außenspiegeln im Wind, um die „Verdunstungskälte" zu nutzen. Die Cleveren tragen lange Hosen gegen Ameisenbefall und stecken die Enden in ihre Stiefel. Die Übereifrigen unterscheiden sich von ihnen durch das Messer am Gürtel. Die meisten haben schlafen gelernt, wo die Müdigkeit oder eine Fahrpause sie erwischt – eingerollt wie Igel, zu Körperwellen gestaltet zwischen Lenkrad und Rückenlehne oder mit dem Kopf nach unten auf der warmen Kühlerhaube.

Drei Dinge braucht der Mann, heißt es. Aber was benötigt ein Mensch? Einer aus Duisburg-Wedau am hinteren Amazonas ...?

Als wir einen professionellen Wildhüter in Zimbabwe fragten, antwortete er ohne langes Überlegen: „Eine Zargeskiste mittlerer Größe, eine leere Flasche, einen Wassersack, eine Taschenlampe, die vielleicht schwimmen kann, einen Löffel als Löffel, Gabel und Messer, einen Hut, möglicherweise einen Kompaß – mehr fällt mir nicht ein."

Alles in allem kaum zwei Zigarrenkisten voll und kein Kilo schwer. Der Profi unterwegs; aber etwas viel verlangt für einen Amateur.

Sir Henry Morton Stanleys Ausrüstungsliste liest sich heute wie das Inventarverzeichnis eines mittleren Haushaltsgeschäftes. Selbst die besten Verzeichnisse notwendiger Gegenstände – Standardlisten aller großen Forscher und aufgeführt im berühmten Handbuch der „Royal Geographical Society" in London – wirken heute überholt. Damals veranschlagte man für eine anständige Reise eben noch mindestens ein Jahr, sonst war's ein Ausflug.

Als die zweiten 1000 Meilen der

Selbst ist der Mann – und ein Mechaniker weit! So ist das eben bei den harten Camel-Trophies. Hier wechselt Paolo, ein Italiener, eine defekte Sicherung aus. In der Badehose, der Bullenhitze wegen.

Ein Portugiese 1983 in Zaire: Er hat sich eine Helferin besorgt, die mit Wassernachschub wartet, und so putzt er sich „öffentlich" die Zähne. Vierzehn Stunden Fahrt am Tag haben bereits deutliche Spuren in sein Gesicht gegraben ...

Tanken in Papua-Neuguinea: Bei den „Trophies“ müssen oft Monate vorher Depots mit Benzin angelegt werden. An diesem Platz lagerten über 1000 Liter für die zwölf Rover der Teams und die Fahrzeuge des Trosses. Es regnete damals in Strömen, und barfuß schleppt dieser Eingeborene ein (leeres) Faß davon.

Tricks unterwegs

Handbücher zum Überleben füllen ganze Bibliotheken. Oft sind es jedoch die ungewöhnlichen, überraschenden und improvisierten Dinge, die einem eine Reise erleichtern oder die Rettung bedeuten können. Hier ein paar Beispiele:

BAROMETER **Ein B. ist ein unsicheres Instrument, denn wer am Morgen dagegenklopft, kann nie sicher sein, daß nicht vor ihm bereits einer den Zeiger hat springen lassen. Als Ersatz-B. läßt sich der Morgenkaffee verwenden. Dazu muß man ein Stück Zucker langsam vom Löffel in den möglichst schwarzen Kaffee gleiten lassen und beobachten, was mit den aufsteigenden Bläschen geschieht. Sammeln sie sich in der Mitte, bleibt der Tag schön; säumen sie den Tassenrand gleichmäßig, dann regnet es.**

BLUMEN **besser: Blüten. Eignen sich vorzüglich als Notverpflegung. Australische Flieger, die in Neuguinea in Not geraten waren, lebten wochenlang davon. Da ihnen die B. roh nicht schmeckten, kamen sie auf die Idee, sie zu braten.**

BÜROKLAMMER **Es gibt kaum einen Ausrüstungsgegenstand, der bei seiner geringen Größe derart nützlich ist wie die B. Aufgebogen wird die B. zu einem langen Stück Draht und eignet sich vorzüglich, um verstopfte Leitungen und Ventile zu reinigen, läßt sich aber auch als Angelhaken verwenden. Im Notfall ergibt eine B., in mehrere Stücke zerschnitten, verwendbare Nägel, oder kann, zum Haken gebogen, als Dietrich für Kofferschlösser zweckentfremdet werden.**

ESSBESTECK **Die Frage, welches Eßwerkzeug man auf Reisen mit sich führen sollte, ist kurz und einleuchtend zu beantworten: Es bedarf keiner Gabel, aber immer eines Löffels. Denn er kann als Schöpfkelle, zum Aufnehmen von fester Nahrung und - mit seinen Kanten - als Messer verwendet werden.**

JUCKREIZ **Kostet Schlaf, führt durch Kratzen zu offenen Wunden und nicht selten zu Infektionskrankheiten. Ein gutes Mittel dagegen ist das Einreiben mit dem Saft oder Fruchtfleisch der Papaya.**

KOHLEPAPIER **Einige Blatt K. gehören ins Gepäck des Reisenden. Denn es geschieht oft, daß ein zusätzliches Visum beantragt werden muß (mit drei Kopien) oder gewisse Ämter für eine Genehmigung mehrere Durchschläge verlangen.**

NACHTTISCHLAMPE **In den meisten Hotels wird gerade am Bettlicht gespart. Die Glühbirne in der N. ist so schwach, daß man sich beim Lesen die Augen verdirbt, mindestens aber zuwenig erkennt. In einem solchen Fall muß man sich die Freiheit nehmen, entweder eine mitgebrachte stärkere Birne einzusetzen oder eine passende Birne auf dem örtlichen Markt zu kaufen.**

ORANGEN **Eine Orange, in einiger Entfernung auf ein Stöckchen gespießt, ist ein gutes Mittel gegen Mücken. Diese werden nämlich von der Südfrucht angezogen und verschonen den Menschen.**

SCHATTEN **In vielen Kulturen gilt es als Beleidigung, auf den Sch. eines Menschen zu treten. Dies sollte man grundsätzlich vermeiden.**

SEEIGEL **Stacheln der S., die unter der Haut stecken, sollten sofort entfernt werden, da es zu Eiterungen, schlimmstenfalls zu Blutvergiftungen kommen kann. Dazu reibt man die Wunde mit Zitrone ein und zieht den Stachel mit Wachs heraus, das man verflüssigt, darübergießt und erkalten läßt.**

SPUCKTÜTEN **Unbenützte S. aus Flugzeugen sind vielseitig verwendbare Behälter. Man kann sie beispielsweise zum Aufbewahren von Filmen, Lagern von Lebensmitteln und Gewürzen in Pulverform sowie zum Schöpfen von Wasser gebrauchen.**

TRICHTER **Fehlt ein T., zum Beispiel, um Benzin in einen Autotank zu füllen, hilft ein aus Indien überlieferter Kunstgriff: Dort wird der Boden aus einer Glasflasche geschlagen und die Flüssigkeit durch den so geschaffenen Trichter eingegossen. Auch ein kegelförmig zusammengerolltes Stück Papier kann als T. dienen.**

UHRENSCHADEN **Wurde eine nicht wasserdichte Uhr aus Versehen mit ins Meer genommen: am besten sofort in (mineralisches) Öl legen!**

Transamazonica in Brasilien im Frühjahr 1984 angegangen wurden, hatten die „Trophy"-Planer bereits eine gegenüber den früheren Veranstaltungen stark eingedämpfte Liste zusammengestellt. Sie enthielt folgende Gegenstände:

1. Lederstiefel (z. B. Springerstiefel)
2. Normale Schuhe bzw. Sneakers (für Flug und Hotel)
3. Gummistiefel, kniehoch
4. Handschuhe (für besonders harte Arbeiten)
5. Taschenmesser (z. B. Schweizer Armeemesser)
6. Taschenlampe (wasserdicht) mit Reservebatterien und -birnen
7. Besteckset, Kochgeschirr (nichtrostend)
8. Toilettenpapier
9. Wasserdichter Dokumentenbeutel/-behälter
10. Sonnenbrille (möglichst nicht aus Glas)
11. Brillenträger: Sportband, Ersatzbrille
12. Handtücher, Waschzeug, Sonnen- und Fettcremes
13. Kleidung: generell keine grellen, auffälligen Farben ...
    - robuste Baumwollhosen mit Taschen
    - langärmelige Baumwollhemden mit Taschen
    - T-Shirts
    - Baumwollsocken
    - Badehosen, Unterwäsche
    - Halstuch (gegen Staub)
    - leichter Regenmantel (Plastik, langärmelig)
    - Mütze/Hut
14. Persönliche Medikamente, Verbandspray usw.
15. Trinkgefäß/Feldflasche o. ä.
16. Reisesack mit Schloß oder Leichtmetallcase

Natürlich führte H. M. Stanley ein paar Gewehre und einige Muni-

Schlaf ist der beste Freund der Fahrer, die Mücke ihr ärgster Feind. Man haut sich hin, wo immer eine Hängematte aufgespannt werden kann.

Der Wagen stoppt, die Konzentration läßt nach – und schon wird gepennt. Total erschöpft liegt dieser Fahrer während der Zaire-„Trophy" auf seinem Sitz, und nur mühsam faltet sich sein Körper zu einer Schlafstellung.

Was ist ein Bett? Viereckig und erhöht. Wie in einem Schlafsaal unter freiem Himmel legten sich in Zaire die Fahrer auf die Dächer ihrer geparkten Fahrzeuge.

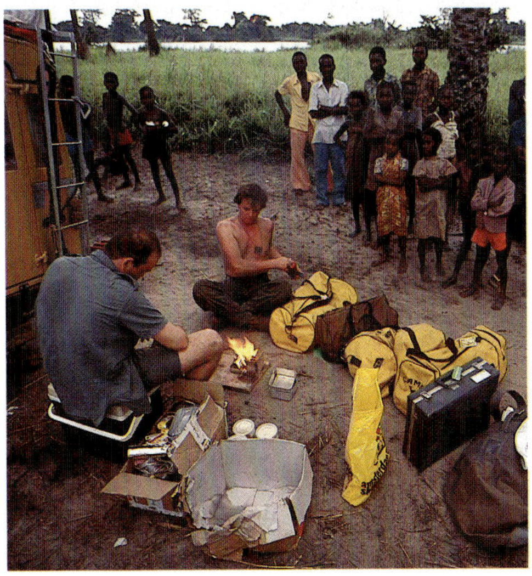

Abendstimmung an einem Nebenfluß des Kongos: Ronald Berg, der holländische Repräsentant (rechts), und einer seiner Fahrer packen aus. Ein Feuerchen brennt für die erste Tasse Tee nach Stunden, ein Junge (hinten links) hat einige „kostbare" Blechdosen für sich ergattert.

Wo auch immer die Camel-Trophy auftaucht, wittern die Einheimischen einen Markt: so wie hier 1984 in Brasilien, als ein schwarzgelockter Hängemattenhändler das Geschäft seines Lebens machte.

tionskisten mit auf seiner Reise durch den dunklen Erdteil, weil er sich aus der Landschaft verpflegte. Aber schon Kollege David Livingstone, Arzt und Missionar, bevorzugte die Bibel. Und Thor Heyerdahl, der „Herr der sieben Meere", packte jede Menge abwaschbarer, biegsamer Tagebücher ein, dazu schlichte Bleistifte deutscher Produktion, weil die bei Eiseskälte ebenso sicher schreiben wie bei Bullenhitze.

Die Frage der Ausrüstung ist nicht nur ein Problem individueller Anpassung an ungewohnte Umgebung, Temperatur oder Leistung. Die Nerven spielen auch eine wesentliche Rolle. Da sagte mal ein indischer Ober im Hotel „Imperial" von Neu-Delhi zu einem der Autoren dieses Buches: „Ach, Sie essen kein Eis, weil Sie sich nichts einfangen wollen? Aber Sie tun Eis in Ihren Drink, das sicher nicht aus abgekochtem Wasser hergestellt wurde ..." Recht hatte er – und sein Gegenüber die Wahl, in Zukunft ohne Eis und ohne kühlen Drink zu leben. Oder ab sofort zum Leckeis zurückzukehren.

Bei den „Trophies", darauf muß hingewiesen werden, blieben diejenigen gesund, die die zwar nicht immer appetitlich anzusehenden, aber scharf und bakterienfeindlich gewürzten Speisen des Landes zu sich nehmen – in Jahrhunderten entwickelt zum Schutz des Menschen. Und jene, die stattdessen angeekelt zur Bundeswehrnahrung griffen, saßen anschließend oft stundenlang mutterseelenallein mit sich und ein paar Rollen Toilettenpapier im Dschungel.

„Was den Einheimischen nicht umbringt", formulierte einmal der Erstbesteiger des Cho Oyu und bewährte Afrikareisende Herbert Tichy aus Wien, „das werde auch ich überleben." Ärzte halten diese Theorie für kühn; am 1. Juni 1984 wurde Tichy 72 Jahre alt.

Was fällt einem bei „Abenteuer" nicht alles ein: Tarzan, der nur mit einem Leopardenlendenschurz, Kurzmesser und markerschütterndem Schrei bewaffnet den Dschungel durchturnt. Rüdiger Nehberg, der rasende Bäcker aus Hamburg, der mit Zigarre, Knarre und Patronengurten unterwegs ist und sich wundert, wenn mal einer zuerst auf ihn schießt. Oder Andreas Bender, der weitgereiste Deutsche und „Trophy"-Leiter, der mit einem milden Lächeln, grauen Wildlederstiefeln und einem winzigen Dokumentenkoffer mit Vorhängeschloß reist. Ganz zu schweigen von jenem ungewöhnlichen Japaner, der den Nordpol per Hundeschlitten erreichte und sich (und die überlebenden Tiere) mit Hunden verpflegte, die vor Überanstrengung starben.

Zur Zweckmäßigkeit, die wie beim Beispiel des Japaners oft hart an die Grenzen der Unmenschlichkeit geht, kommt nicht selten der Hokuspokus. Das sind dann die geheimnisvollen Mittel, die in Situationen helfen sollen, in denen eigentlich nichts mehr hilft. Wo der Mensch – allein in Urwald, Savanne oder Wüste – auf den Medizinmann angewiesen ist. Auf Künste, die man in der Zivilisation ablehnt, in Not aber akzeptiert, weil sie zumindest nicht schaden können.

Der Zeichner Wigg Siegl hat einmal eine treffende Karikatur zu diesem Thema geliefert: Zwei Verdurstende treffen sich in der Wüste, und einer hält den Stadtplan von Hamburg in den Händen. „Was willst du denn damit?" fragt ihn der andere, und der mit dem Plan ant-

1982 bei der „Trophy" in Papua-Neuguinea: Irritiert blinzelt ein Journalist aus den USA ins Licht, während zwei amerikanische Fahrer – links ein Sanitäter bei der Feuerwehr, rechts ein Modeschöpfer – ihr Schlafzelt aufbauen.

wortet: „Ich weiß schon, daß der uns wenig nützt, aber er ist besser als gar keiner ..."

So ähnlich verhält es sich mit dem „Schlangenstein", dem „Schwarzen Stein der Weißen Väter", wie er auch genannt wird.

Ein merkwürdiges Ding: von der Größe eines Radiergummis, pechschwarz und aussehend wie ein Stück Kohle. Aber poliert und hell klingend wie gebrannter Ton, dazu ebenso zerbrechlich. Seit Jahrhunderten mixt die Missionsgesellschaft der Weißen Väter den Stein aus 17 geheimnisvollen Kräutern zusammen. Er ist also eigentlich eine Art schwarzer Ziegel aus Heilstaub.

Piloten tragen ihn in Afrika um den Hals, Missionare versuchen, einen „Schlangenstein" zu bekommen, und selbst Dr. Michael Wood, der Gründer der „Flying Doctors" in Nairobi, besitzt ein Exemplar davon. Nur ist er inzwischen nicht mehr zu bekommen, oder kaum noch, und so teuer wie Gold. Das liegt an seiner sagenhaften Wirkung.

Hat einen nämlich eine Schlange mit blutzersetzendem Gift gebis-

Deutlich sichtbar ist das Abschleppseil gerissen, doch dem Kollegen muß geholfen werden. Also verknotet dieser italienische Fahrer die dünnen Fasern ...

In Papua-Neuguinea fehlt völlig die Infrastruktur, die Fahrer mußten ihren Sprit meist selbst mitführen. Was schwierig werden konnte, wenn sich die Kanister lösten im strömenden Regen.

Oft wurde die Hitze so unerträglich in Zaire, daß selbst ein Wasserbehälter aus biegsamem Plastikmaterial als kühlende Packung herhalten mußte.

Die Küche

Die Hauptstädte der Länder, durch die sich über jeweils 1000 Meilen Urwaldstrecke die Camel-Trophies gequält haben, bieten selbstverständlich alles, was verwöhnte europäische Gaumen sich an exotischen Reizen erhoffen. Ein Grandhotel in Rio de Janeiro, in Jakarta, in Luanda oder sonstwo in den Tropen läßt, was kultiviertes Raffinement betrifft, keinen Wunsch offen.

Was jedoch alle Teilnehmer der Camel-Trophies relativ schnell erkannt haben, ist: Vor Ort, im Busch, im Urwald geht nichts über die Küche der Einheimischen. Sie sind es, die hier leben. Sie wissen besser als jeder Zugereiste, was in ihrer Heimat gut und was ungeeignet ist. Die Vorstellung, Hundefleisch zu essen, dürfte nur wenigen Menschen in Europa ohne Abscheu möglich sein. Die Vorstellung, Schweinefleisch zu essen, ist nur sehr wenigen Menschen in islamischen Ländern ohne Abscheu möglich. Die Menge und Kraft an Gewürzen, die in asiatischen und afrikanischen Speisen zu finden ist, überrascht nicht nur den europäische Kost gewöhnten Gaumen, sondern kann gelegentlich auch etwas später erneut überraschen ...

Die „Docs", die während der verschiedenen Camel-Trophies die Teilnehmer medizinisch betreuten, haben nur bestätigen können, was alte Tropenexperten aus eigener Erfahrung schon wußten: Alles, was die Küche der Leute, deren Land du besuchst, heiß verläßt - kochend heiß! -, das kannst du essen. Ob es schmeckt, ist noch eine andere Frage. Früchte, die mit unversehrter Schale auf den Tisch kommen, sind ebenfalls ohne größere Probleme zu genießen. Wasser allerdings sollte besser abgekocht oder mit entsprechenden Mitteln, wie etwa Mikropur, desinfiziert werden. Oder wie es ein erfahrener Tropenarzt aus Hamburg formuliert: „In den Tropen können Sie fast alles zu sich nehmen. Nur die Eiswürfel im Whisky könnten gefährlicher sein, als Sie ahnen."

Das gesunde Quentchen Vorsicht beim Genuß der exotischen Küche vor Ort bewahrt in der Regel vor unerwünschten Überraschungen.

sen, macht man einen leichten Schnitt zwischen Wunde und Herz, bindet den Stein darauf – und der zieht das Gift aus dem Körper und wird dabei vor Anstrengung schneeweiß. Der Patient, so geht die Mär, verspürt dabei nicht einmal leichtes Fieber, und der weißgewordene Schwarze Stein wird ausgekocht in Milch oder Wasser, gibt das Gift ab und wird dabei wieder schwarz. Die Brühe schüttet man tunlichst weg.

Hokuspokus? Für uns vielleicht. Was aber ist dann jene Pille, die wir zur Reinigung verschmutzten Wassers verwenden, in den Augen der Eingeborenen? Hokuspokus, bestenfalls Chemie. Wie der „Schwarze Stein der Weißen Väter". Abrakadabra, simsalabim – der Glaube versetzt Berge.

Man muß sich am Land selbst orientieren. „In Rom benimm dich wie die Römer", ist eine uralte Weisheit. Da lernen wir, daß man in einer Hängematte nicht der Länge nach schläft, sondern quer oder schräg. Alkohol verträgt sich nicht mit Mangosaft, und auf den gerippten „Waschbrett"-Straßen der Tropen bringt eine Geschwindigkeit von 60 bis 65 km/h Ruhe ins Fahrgestell, das Holpern gleicht sich aus. Krach ist der größte Feind der Schlangen, neben der Vibration des Erdbodens, und einen Ast schlägt man mit der Machete erst dann ab, wenn man ihn mit der anderen Hand stabilisierend gepackt hat.

Sonst liegt man wie jener holländische Teilnehmer, der immer alles besser wußte während der „Trophy" in Neuguinea, plötzlich am Boden, und das Messer steckt einem bis zum Knochen im Unterschenkel. „Ich habe einen Zweig abschlagen wollen", stöhnte er, „dabei bin ich

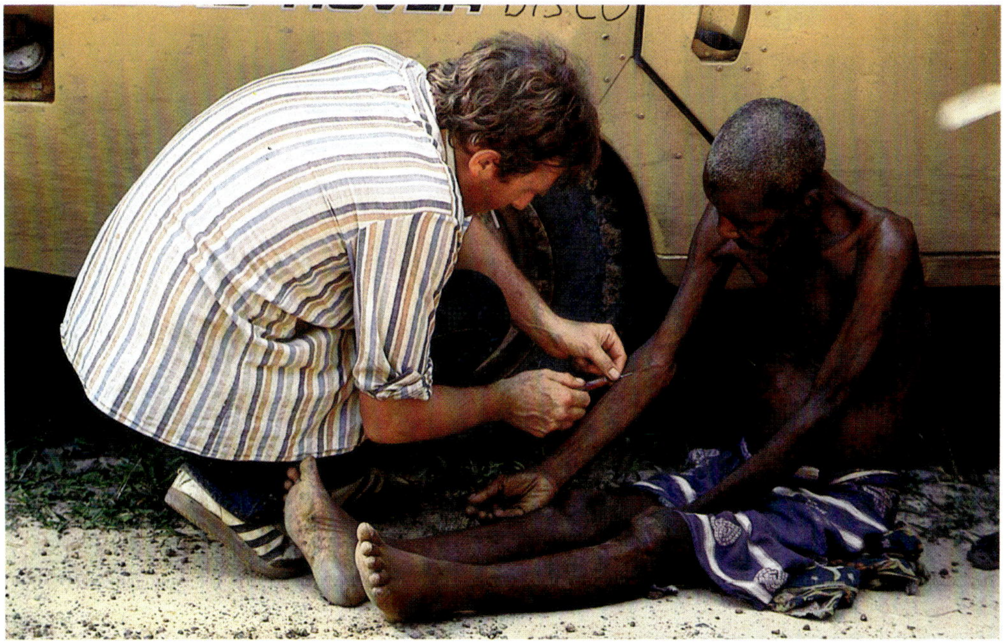

Immer wieder müssen die Begleitmediziner der Camel-Trophy Eingeborenen helfen. Dieser alte Mann hat Tuberkulose, und ein Österreicher versucht, seine Leiden zu lindern.

abgerutscht." Von über dem Kopf bis unters Knie – ein langer Weg am Körper, im Urwald nur ein Sekundenbruchteil.

Der Urwald. „Er kann kein Geheimnis behalten, über kurz oder lang verrät er alles, und deshalb kann sich auch keiner im Dschungel verbergen", sagen die Garimpeiros, die Goldsucher am Amazonas. „Zwei Wochen allein im Dschungel – das hält kein Mensch aus", schrieb der französische Abenteurer Raymond Maufrais. Und bei Rudyard Kipling, dem britischen Indienschilderer, heißt es: „Jemand, der länger als ein Jahr alleine im Dschungel gewesen ist, wird sein ganzes Leben nicht mehr normal sein."

Deshalb ist die Ausrüstung so wichtig, deshalb muß man sich so bewegen wie diejenigen, die immer dort leben und genau wissen, wie man *über*lebt.

1000 Meilen sind es bei den „Trophies" jedes Jahr, 1550 bis 1700 Kilometer. Undenkbar ohne die richtige Ausrüstung.

Für die Hongkong-Chinesen blieb auf der Camel-Trophy '83 stets Zeit für eine Schale Reis. Die beiden Asiaten wurden nicht nur dritte – sie wurden auch am besten fertig mit der Hitze und dem akuten Mangel an Schlaf und geregelter Ernährung. Sie nahmen's, wie es eben so kam ...

... lächelten sich durch die größten Schwierigkeiten und verspeisten sogar Ratten und Schlangen – dort, wo sie herkommen, eine geschätzte Delikatesse.

„Es sind Forscher – es sind Söldner …“

Der lange Marsch von Kinshasa nach Kisangani

Eine Schlange im Wald – und ein Foto, das überall auf der Welt entstanden sein könnte. So startete die Camel Trophy '83 in Kinshasa, der Hauptstadt von Zaire, die Aufnahme wurde kurz danach gemacht.

Mit glänzender Sonnenbrille und gezogenem Dolch posiert ein Fallschirmspringer aus Zaire vor der Kamera – im Hintergrund ein kleines Phänomen: Die Brandung des Kongo bzw. Zaire.

„Es sind Forscher, die nach langer Reise aus den Wäldern zurückkommen. Das sieht man ihnen gleich an." So erklärte eine belgische Mama ihrer kleinen Tochter das Eintreffen der Camel-Trophy-Gruppe in der Halle des „Interconti" von Kinshasa nach Ende der Dschungeltour.

„Das sind Söldner, die irgendwas befreien sollen in Afrika. Solche Leute erkennt man doch!" Das war die Meinung eines Herrn mittleren Alters auf dem Flughafen von Zürich gewesen, als die „Trophy"-Teilnehmer zur Reise an den Äquator aufbrachen.

Beide Augenzeugen irrten. Obwohl die äußerliche Aufmachung der Teams Schlußfolgerungen dieser und ähnlicher Art durchaus zuließ: Grün war Trumpf, Khaki nur zweite Wahl. Vor allem die Repräsentanten von Hongkong stolzierten bis in die späte Nacht in Tarnanzügen, mit Machete und Kompaß herum.

Am rätselhaftesten fanden es wohl die Eingeborenen selbst, was sich da in ihrem Land so alles tat: ein paar Dutzend Weiße auf den Spuren früherer Kongo-Expeditionen

Ein kleiner See, die Bucht eines Flusses oder ein Sumpf? Im ehemaligen Kongo verschmelzen solche Unterscheidungen oft.

Ein Anblick, wie er sich vor 120 Jahren sicher auch den ersten Expeditionen geboten hat: Der Häuptling, vor seiner Hütte an einen Baum gelehnt, in den Händen Speer und Fliegenwedel. Unverfälschtes Afrika - bewußte Würde . . .

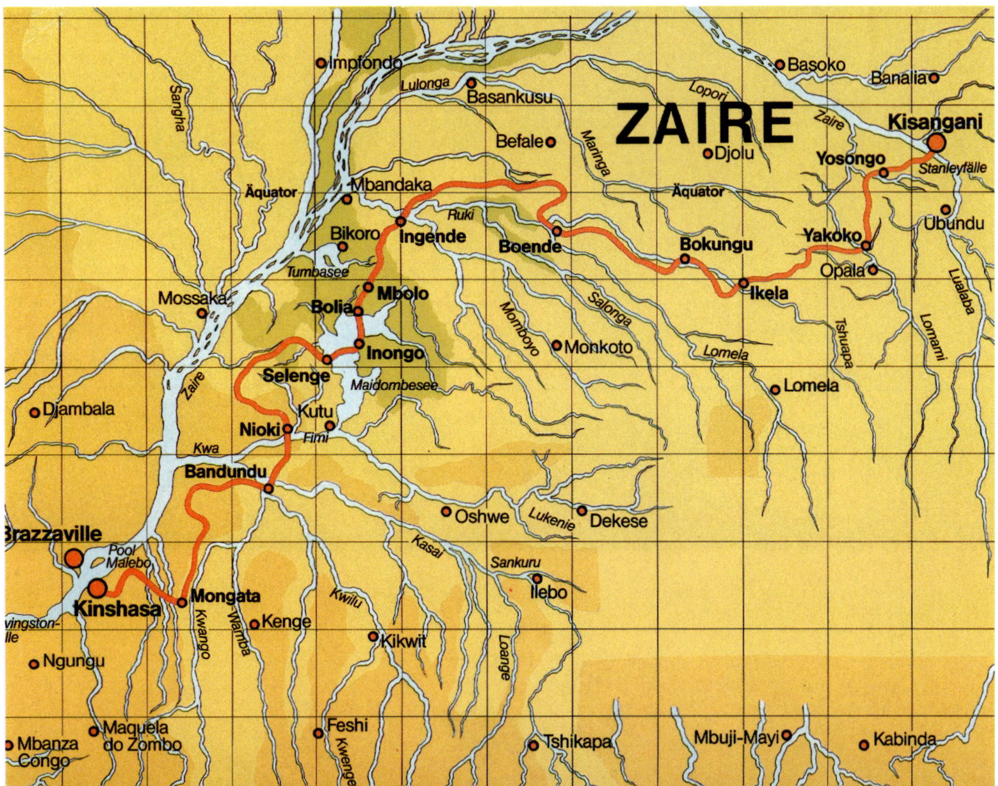

Schon die Streckenführung von Kinshasa nach Kisangani zeigt eine der Schwierigkeiten dieser Trophy: Sümpfe, Seen, Flüsse. Nach diesen 1000 Meilen war jeder Teilnehmer ein perfekter Brückenbauer.

Plötzlich wechselt der tropische Regenwald in eine Wüstenlandschaft über. Bis auch der letzte Wagen aus dem Busch gefunden hat, sammeln sich die Teams zu einer Lagebesprechung.

Die Räder mahlen durch, die Fahrer müssen schieben, später sogar die Sandleitern vom Wagendach holen.

parallel zum Äquator. Kinshasa–Kisangani und zurück. Aber die Scheu wich schnell ...

8. April: Wir rollen jetzt seit zwei Tagen. Von Kinshasa weg, entlang am Flughafen Ngili. 400 Kilometer am ersten Tag bis nach Bandundu. Die erste Etappe zum unromantischen Nachtlager im Hinterhof einer Absteige war relativ leicht: nur Savannenwege mit Sandunterlage. Über den Kasai-Fluß sind wir im Dunkeln, bis zum Ende der nächsten Etappe sind es ganze 40 Kilometer. Das ist Absicht – unter den „Trophy"-Teams soll sich langsam alles einspielen. Es beginnt am Abend auf einem Fußballfeld am Flußufer. Während die erste große Wäsche angesagt ist, legen die Hongkong-Chinesen Au und Lai den Grundstein für ihren guten Ruf: sie killen drei Hühner, bereiten „Chicken sweet sour" und laden alle 52 Mann zum Essen ein. Nicht viel, aber chinesisch. In Afrika.

Auch wenn Lai später gefühlvolle Lieder auf der Gitarre spielt – der Ruf von „Killern" haftet den zweien aus Hongkong an. Der Lehrer des Dorfes hat auch schon so was läuten hören. Taucht aber dennoch auf in der Dunkelheit, bekommt Kugelschreiber für seine Schulklasse, und wir dürfen die Bänke seiner Erziehungsanstalt so hoch stapeln, daß Platz für uns wird auf dem Fußboden. Ein Dach für alle.

Als es stockfinster ist, singen fremde Vögel ihr eigenartiges „Kling-Klong" am Fluß. Eingebo-

Eine Stange ist ... ein Reck: an der Kneister ebenso wie am Kongo. Da hängen sich Kinder dran und strahlen den Fremden voller Lebensfreude an. Es war - das stellten die Teams später fest - eine „Trophy“ der überaus freundlichen Menschen.

Ist oben unten - oder unten oben? Das Bild bleibt gleich, wenn man es auf den Kopf stellt. Wie eine Urwald-Spielkarte, aus der uns ein Junge in einem Einbaum entgegenpaddelt. Stundenlang fuhren die „Trophy“-Teams an solchen Szenen entlang.

rene haben die Sachen, die die Teams zum Waschen gegeben hatten, ordnungsgemäß Stück für Stück zurückgebracht. Kinder bieten Meerschweinchen als Braten an. Wir schicken sie zu den Chinesen ...

Überall fauchen Benzinkocher. Die Teilnehmer versorgen sich selbst mit Kost aus dem Koffer oder dem mitgeführten Fertigessen: „Angetreten zum Anrühren mit Wasser." Einem ist es gelungen, den vorsorglich erworbenen und seit Kinshasa halb leergetrunkenen Biervorrat aufzufüllen. „Man muß in den Tropen drei bis fünf Liter Flüssigkeit am Tag zu sich nehmen", weiß ein anderer und hält sich ans Bier.

Übermut liegt in der Luft, die „Trophy"-Leute werden zur Touristengruppe. Die Wege sind trokken, die Schwierigkeiten gering.

10. April: Wir haben noch zwei Flüsse überquert; einmal, im Ort Niokis, ist es uns gelungen, in einer Art Hotel zu übernachten. Auf dem Boden natürlich, die Betten reichten nicht.

Einer läßt sich sein Haupthaar zu exakt 30 kleinen Zöpfen flechten, die Chinesen haben eine Schildkröte erfeilscht. Aber statt im Topf landet sie wieder im Fluß – weil das angeblich Glück bringt. Die Italiener, Meister der Improvisation und des Aufspürens, verteilen frischen Wels in Tomatensauce.

Ernst wird es am Tag darauf. In Sabolene soll eine Sonderprüfung stattfinden. Da passiert die Katastrophe: Drei italienische Journalisten hantieren beim Kochen mit Benzin – und das über dem glühendheißen Autoblech. Als der Landrover plötzlich in Flammen aufgeht, hilft kein Löschen mehr – binnen Sekunden ist der Wagen eine lodernde Fackel. Zuerst fliegt der Treibstoffkanister in die Luft, dann brennt die Inneneinrichtung. Schließlich explodieren die 140 Liter Diesel in ihren Behältern auf dem Wagendach.

Mit einer Seilwinde ziehen wir das brennende Wrack weg von den Strohhütten, deren Bewohner samt ihren Möbeln und Vorratskalebassen im Urwald verschwunden sind. Nach zwei Stunden ist der Rover tot – eigenartigerweise war mitten im Feuersturm sein Motor angesprungen und hatte gespenstisch lange vor sich hin gedieselt.

Der Brustkorb ist mit Stammesnarben verziert, den Lendenschurz trägt er schon am Gürtel. Noch ist dieser Mann mißtrauisch, was die Fremden in ihren gelben Kisten wollen.

Die Textilindustrie hat das Innere Afrikas und seine Bewohner erreicht. Grellbunt tritt dieses kleine Mädchen aus der Hütte ihrer Eltern. Sie ist immer noch aus Lehm gefügt und mit Palmwedeln gedeckt - ein etwas merkwürdig wirkender Kontrast in Farbe und Materialien.

Ernüchterung ist an die Stelle der Euphorie der Vortage getreten. Wir sammeln Kleidung und Essen, Decken und Whisky für die Abgebrannten. Über Funk geben wir ihre Paßdaten an unsere Relaisstelle in Kinshasa weiter, damit die drei bei der Rückkehr bereits neue Papiere vorfinden. Und offensichtlich benachrichtigen unsere Leute gleich ganz Italien, denn als unser Begleitflugzeug das nächste Mal erscheint, können wir in Fernschreiben lesen, daß das ganze Land Anteil nimmt am Roverbrand. Wahrscheinlich haben Funkamateure im Äther mitgehört.

Am Abend des Feuertages tobt das erste Tropengewitter, und einige, die sich neben den Lehmaltar einer Kirche verkrochen haben, werden naß wie Wasserratten. Unsere Filmcrew hat deshalb einen bunten Abend organisiert, und der Lehrer läßt in der Nacht uns zu Ehren ganze Schulklassen antreten und singen. Wir revanchieren uns mit „Hotel California" aus dem mitgebrachten Kassettenrekorder.

12. April: Manche der Landrover sehen schon jetzt aus wie Müllcontainer, vor allem innen. Als Abfalleimer dient die Felge des Ersatzrades auf der Motorhaube. Nur um die Beseitigung der geleerten Dosen braucht sich keiner zu kümmern. Die Kinder in den Dörfern können alles gebrauchen.

Nach der ersten, etwas schwereren Sonderprüfung haben die Autos auch äußerlich Patina angenommen. Das portugiesische Team hat sich auf die Seite gelegt, ihr Motor ist voll Schmieröl gelaufen. Einer der „Trophy"-Mechaniker fängt an zu basteln.

Langsam klettert die Wagenkarawane über tückische Lehmtrep-

Ein Urwaldriese quer über der Piste – die Natur hat eine Schranke errichtet, die „Trophy“ kommt zum Halt. Mit Äxten und Sägen müssen die Teilnehmer den Baum zerkleinern, der weder umfahren noch mit Winden weggezerrt werden konnte.

Eine Fahrspur voller Wasser, ein tückischer Mittelstreifen aus Schlamm. Auf den Zentimeter genau muß hier gefahren werden – bis man zur „Trophy“-eigenen „Tankstelle“ kommt, einem Lastwagen, der 200-Liter-Fässer voller Energie hinter den Teams herfährt und an vereinbarten Punkten deponiert.

„Hilf dir selbst, sonst hilft dir keiner" – nach diesem Motto schwingt ein Teilnehmer die lange Axt und zerteilt ein Hindernis auf seinem Weg. Das Thermometer zeigt über 40° C an ...

„Bula Matari" – Der Steinbrecher

Die Straße, der die Camel-Trophy '83 folgte, sah vor 100 Jahren – als die ersten Europäer an den Kongo kamen – kaum anders aus. Im Gegenteil: es war Henry Morton Stanley, der den ersten fahrbaren Weg anlegte und von den Einheimischen als Bula Matari – der Steinbrecher – bezeichnet wurde.

Rund 60 Kilometer hinter dem Ort Boma ähnelt der Kongo plötzlich dem Colorado River und stürzt in einer Folge von Fällen und Stromschnellen durch einen Cañon. Das Ende der Schlucht ist natürlich auch das Ende jeder Schiffahrt – der Reisende hat den Landweg zu nehmen. Genau hier legte Stanley sein Basislager an und beschloß eine Straße zu bauen.

Material dafür lieferte ein Plateau, das etwa 120 Meter hoch über dem Fluß lag und von riesigen Felsbrocken bedeckt war. Diese zertrümmerte Stanley anfangs eigenhändig und so geschickt mit einem Vorschlaghammer, daß die einheimischen Häuptlinge ihm den Namen Bula Matari – der Steinbrecher – gaben. Ab da wurde er von allen Stämmen, denen er auf seinen Reisen begegnete, so genannt.

Die Eingeborenenpfade führten, wie in Afrika üblich, hügelauf und hügelab, kreuzten Täler und umgingen kein auf der Strecke liegendes Hindernis, um ja – wie römische Heerstraßen – schnurgerade zu sein. Es waren exzellente Fußgängerwege, aber unbenutzbar für den Transport großer Mengen von Waren auf Rädern. Stanley entschloß sich deshalb zu einer neuen Straße, die zwar meist auf einem Niveau, des öfteren jedoch steil über felsigen Grund verlief. Enorme Anstrengungen waren dazu notwendig, und dieser Straßenbau wurde zum schwierigsten Unterfangen der ganzen Expedition.

Stanley begann die Arbeiten mit 106 Mann, und die erste Trasse führte durch Savanne mit drei bis fünf Meter hohem Gras und durch dichte Bambuswälder. Der Trupp schaffte pro Tag etwa 800 Meter Straße, aber dann gelangte er an einen Berg, der nur umgangen werden konnte. Bloß wie? Stanley entschloß sich, nur wenige Meter über dem Kongo einen Saumpfad in die Flanke des Berges zu sprengen, was bedeutete, daß Schluchten überbrückt oder mit Felsbrocken aufgefüllt werden mußten.

Immer wenn ein Streckenabschnitt geschafft war, marschierte Stanley zurück zum Basislager und holte Nachschub, um sich weiter auf seiner neuen Straße entfernen zu können. Über 3000 Kilometer legte er so zurück, und der Bau mußte des öfteren unterbrochen werden, weil Bula Matari die Strapazen nicht durchhielt und erkrankte.

Nach einem Jahr schließlich war die erste richtige Straße des Kongo fertig. Sechs Europäer hatten den Bau mit ihrem Leben bezahlt, dreizehn waren dabei zu Krüppeln geworden, und die Zahl der Eingeborenen, die Stanleys Energie zum Opfer fielen, geht in die Dutzende.

Das Ergebnis: eine fünf Meter breite Fahrbahn, auf der die schwersten Karren verkehren konnten. Beladen sogar mit Dampfschiffen, die man jenseits des Cañons wieder in den Kongo setzte. Das war im Frühjahr 1879.

pen in die Höhe. Die ersten Windenmanöver fallen an und weitere Autos um. Gegen fünf Uhr abends sind gerade 35 Kilometer geschafft, um sechs Uhr beginnt die tropische Nacht. So wie jeden Abend in Äquatornähe. Der erste Baumriese liegt quer über der Piste; wir werfen die Motorsägen an.

Da kommt eine neue Hiobsbotschaft: Unser Begleitlaster, der Dieseltreibstoff und Ersatzteile nachschleppt, steckt 30 Kilometer weiter hinten grundlos tief im Poto-Poto, dem schwarzen, fetten Urwaldschlamm. Drei Autos mit Winden sollen ihn bergen.

Es wird eine Tortur von weiteren sechs Stunden. Mal ist der Lkw draußen, dann rutscht er wieder rein. Zwölf Tonnen wiegt er – das ist zuviel. Um ein Uhr nachts geben die Helfer auf.

Schlafen in Hängematten. Um drei Uhr morgens beginnen die Hähne zu krähen. Eingeborene bringen uns Wasser zum Waschen, aber Reinigen ist eigentlich sinnlos. Denn wenig später buddeln die Helfer wieder unter dem Lkw her-

Eine Fähre ist ein Knotenpunkt, und eine Fähre, die sogar funktioniert, ist ein Volksfest. Acht Wagen auf einmal werden über einen Nebenfluß des Kongo befördert. Es sind deutsche Schiffe, geliefert von der Entwicklungshilfe.

Festgerammt zwischen zwei Stämmen, rührt sich der Wagen keinen Zentimeter – mit dem Panga schlägt ein Teamfahrer eine Gasse. Dann bricht eine mittlere Sintflut herein, und eine Hütte wird zur Insel.

um. Es bleibt nur eine Alternative: zur Hälfte entladen und Vollgas. Rund fünf Tonnen Ersatzteile und Schmieröl fliegen in den Dschungel, das ganze Dorf hilft mit.

Es geht. Nur dürfen wir den Treibstoff nicht zurücklassen. Er ist der Lebenssaft der „Trophy". Ihn fordert der Expeditionsleiter per Funk an: „Unbedingt wieder mitbringen". Also laden wir die Fässer wieder auf und sind gegen elf Uhr vormittags fix und fertig. Im Schneckentempo wird der Lkw ans Ende des Konvois herangeführt, das dauert wieder dreieinhalb Stunden. Daß wir die anderen überhaupt so schnell eingeholt haben, liegt an der Natur – fünf Baumriesen lagen quer, die „Trophy" mußte sich buchstäblich durch einen umgestürzten Wald sägen.

Vor Anbruch der Nacht umgibt uns eine unwirklich schöne Landschaft: Vier Brücken spannen sich über einen kleinen See und einen Fluß mit goldenem Wasser. Wir baden, bis uns ein Tropenguß ins nächste Dorf treibt.

14. April: Zweimal mußte die Fähre je drei Stunden über den Schwarzen See, den Mai Ndombe. Um den ganzen Troß nach Bolia zu bringen. Dort ist ein Ruhetag eingeplant, mit einer Nachtorientierungsfahrt für die Teams. Wieder ist großer Badetag – einer will nicht ins Wasser. Wegen der Hakenwürmer. Die Abgebrühten lachen, kippen „Mikropur" ins Wasser und trinken es.

Unter den „Trophy"-Teams hat sich so ziemlich alles eingespielt: Schweiz und Hongkong sind unzertrennlich, Italien und Spanien haben sich zu einem „Club Mediterranée" zusammengeschlossen. Die Portugiesen halten sich meist allein mit ihren Büchern. Wenig später

Schamhafte Politik – und vielleicht auch der Einfluß einiger Missionare – hat diesen Dorfschönen Kleidung aufgezwungen, Wäsche ersetzt die natürliche Grazie. Nicht einmal ein kleines Lächeln ist geblieben.

Es kann bitter kalt werden in den Hügeln am Äquator. Das ist der Grund, warum selbst im Inneren Afrikas Wollmützen in Mode sind. Man beachte, wie souverän dieser Herr dazu rotes Tuch um seine Schultern trägt.

Pygmäen – das aussterbende Volk der Zwerge. Kein Mensch weiß heute, wie viele von ihnen es noch gibt. Die meisten leben tief und versteckt in den Dschungeln und gehen wie seit Urzeiten der Jagd nach. Diese allerdings siedeln an der Straße.

In einem seichten Fluß stakt sich ein Fischer zu seinen Reusen, an den Ufern ist die Vegetation übermannshoch. Er läßt sich auch nicht beirren, als die Fremden auftauchen.

muß ein Journalist mit Wasser in den Füßen ausgeflogen werden. Er konnte weder stehen noch gehen.

In der Nacht am Mai Ndombe schlägt die Stunde der Schweizer: Zusammen mit dem Lehrer von Bolia haben sie sich auf die Nachtorientierungsfahrt vorbereitet, kennen jedes Dorf in 50 Kilometer Umkreis und können zielsicher nach Bagongo donnern, das als Zielort angegeben ist.

16. April: Wir haben die Provinz Bandundu verlassen und sind in Equateur angekommen. Offenbar haben wir bisher schon einmal den Äquator gekreuzt, aber so genau nimmt das keiner. Außerdem – was bedeutet für Eingeborene schon diese Linie, unsichtbar und nur gedacht?

Am Vortag gab es Probleme mit den Autos. Die Kühler kochten oft,

Waschtag bei den Wagenia, die an den Stromschnellen von Kisangani wohnen. Die Männer haben eine ihrer riesigen Reusen ans Ufer des Kongo geschleppt.

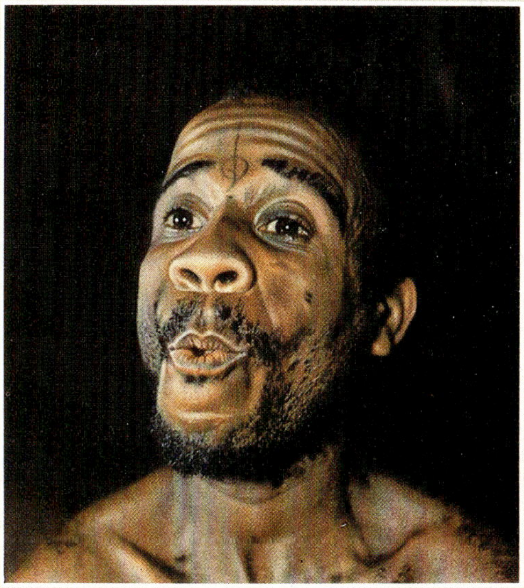

Klein, aber klug

In seinem Buch über „Afrika" beschreibt ein Forscher das Wiedersehen mit Pygmäen. Die Episode zeigt deutlich, wie sehr man Intelligenz und Instinkt dieses Zwergenvolkes unterschätzt.

Kurz bevor der belgische Kongo unabhängig und in Zaire umbenannt wurde, war ich schon einmal im Ituri-Forst. Es ist dies die größte zusammenhängende Dschungelfläche Afrikas und das Wohngebiet der Pygmäen.

Damals hatte ich in der Nähe der Missionsstation Epulu, die schon nicht mehr betrieben wurde, mit einem Familienverband gelebt bzw. war mit ihm herumgezogen. Die Flüsse hatten von Krokodilen gewimmelt. Und wenn die Zwerge des Dschungels die Nebengewässer des Ibina überqueren wollten, mußten sie an Lianen über die Schluchten schwingen und Hängebrücken für ihre Frauen und Kinder bauen.

Fasziniert hatte ich bei der Konstruktion eines dieser zerbrechlichen Stege zugesehen und die Pygmäen mehrmals aufgefordert, ihre Arbeit für die Kamera zu wiederholen. Dann war das Filmgerät kaputtgegangen, und weil ich die Pygmäen nicht enttäuschen wollte, ließ ich sie weiterbauen. Ich tat so, als filmte ich immer noch, und dankte ihnen hinterher.

Zwanzig Jahre ließ es mir keine Ruhe, daß ich diese fast einmalig zu nennende Kunstfertigkeit im Bild verpaßt hatte. Schließlich machte ich mich zum zweiten Mal auf nach Epulu.

Ich traf die alten Freunde wieder. Die damals jungen waren gestandene Männer geworden, der frühere Häuptling lebte allerdings nicht mehr. Aber einige erkannte ich, ebenso wie sie mich.

Ich bat sie, noch einmal eine Hängebrücke zu bauen.

„Warum?" fragten sie. „Das hast du doch damals schon gefilmt."

„Ich würde es gerne noch einmal tun", antwortete ich.

Da lächelte der neue Häuptling und sagte: „Wir haben damals schon gemerkt, daß irgend etwas nicht stimmte. War deine Kamera kaputt?"

Ich gestand es. War das ein ausreichender Grund dafür, die Brücke noch einmal zu errichten?

„Aber wozu denn?" fragte der Häuptling. „Es gibt schon lange keine Krokodile mehr, und wenn wir über den Fluß wollen, dann gehen wir einfach durchs Wasser."

Für mich gibt es kein besseres Beispiel, wie sich dieser Kontinent in nur zwanzig Jahren verändert hat – und wie unbescheiden wir Reisenden manchmal Naturvölkern gegenüber auftreten.

Die Kamera ist ein verdächtiges Objekt – die skeptische Miene berechtigt. Mit gelben Perlen hat diese Schöne die Zöpfe verknotet.

Hohe Gerüste, die in den Strudeln des Kongo ständig zittern – und dennoch turnen die Wagenia-Fischer auf ihnen herum, um ihre Beute aus den Reusen zu holen. Alle drei Monate, so sagen sie, stürzt einer ab und wird nur tot geborgen.

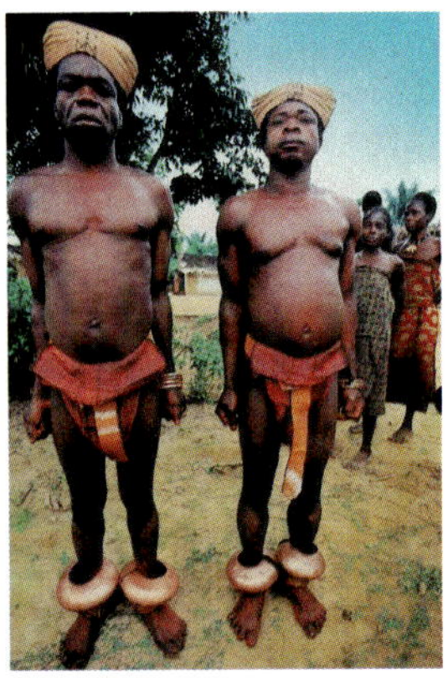

Brust raus, die Arme gestreckt – wie angewurzelt stehen diese Tänzer mit Turbanen, um die Knöchel schwere Kupferringe als Beinschellen.

weil sich bei den Wasserdurchfahrten Blätter und Schlamm vor die Lamellen setzten. Und nicht jedes Team war bereit, in der Affenhitze an seinem Kühler herumzustochern.

In einem Dorf bewegte sich ein Leichenzug durch die Hauptstraße. Die Eingeborenen sangen, trommelten und schlugen klirrend ihre Macheten aneinander. Ein Teil von uns wollte filmen, andere hielten das für pietätlos. Schließlich sprach der Dorfchef ein Machtwort – nein! Aber die Spannung war da. Bis am Abend mit dem Proviantkarton Bierdosen eingeflogen wurden aus Kinshasa. Landen konnte die Maschine noch; aber starten ging nicht. Die Startbahn war zu kurz. Wir verlängerten sie durch Fällen von Bäumen, in der neuen Schneise hob der Pilot ab.

Bei der Sonderprüfung am nächsten Tag brillierten die Holländer, weil sie sich auch in der Freizeit um ihre Autos kümmerten wie Väter um ihre Babys. Noch nachts schmierten sie die Gelenkwellen. Zweitbeste im Sand einer Düne wurden die Portugiesen. Durch Verstand. Vielleicht, weil sie mit 39 und 42 Jahren die „älteren Semester" waren unter den Teilnehmern. Sie waren es auch, die sich Lexika beschafft hatten, in Lingala und Suaheli, statt wie

In einem nicht sehr sorgfältig gerodeten Dschungelabschnitt ziehen Termiten zwei „Wohnblocks" hoch. Der vordere ist um einen Baum herum angelegt, von dem später nur Staub übrigbleiben wird – zerkaut von den weißen Ameisen.

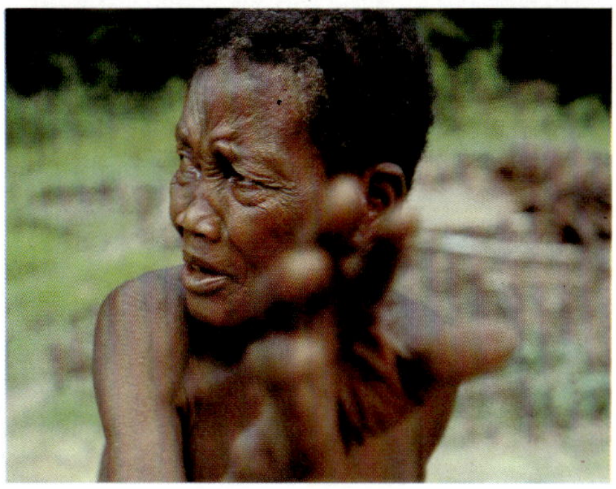

„Kein Foto", bittet diese ältere Dame, weil sie fürchtet, man könne ihre Seele stehlen ... Daneben ein trutziger Kolonialbau – einst wohl das Gefängnis.

Ein stolzer Vater bringt seinen kleinen Sohn näher. Knöchel- bzw. knietief waten sie durch eine Pfütze, die ein tropischer Regenguß aufgeschwemmt hat. Im Hintergrund die Felder der Familie.

alle anderen Elfenbeinperlen und Negerschmuck zu erstehen.

17. April: Wir sitzen bei 39°C im Schatten unter irgendeinem Baum in irgendeinem Dorf und warten auf die Rückkehr der Teams von einer Sonderprüfung. Es wird still. Die Bewohner haben uns Wasser und Schüsseln zum Waschen gebracht, dazu Stühle und halbreife Mangos.

Die beiden Ärzte aus Österreich, liebevoll „Hot Docs" genannt (oder „Quack 1" und „Quack 2"), halten Sprechstunde ab. Einer behandelt, der andere berät. Folgender Dialog entspinnt sich zwischen ihnen, hier im Originalton wiedergegeben:

Quack 1: „Was geb' ich ihm denn?"

Quack 2: „Wovon du am meisten hast."

Quack 1: „Dann geb' ich ihm eine Spritze."

Quack 2: „Die hast du doch schon dem anderen gegeben!"

Quack 1: „Hast recht, geb' ich ihm ein Aspirin."

Quack 2: „Na, das kennen sie wenigstens ..."

Hätten wir nicht immer wieder erlebt, mit welcher Sanftheit sich beide „Docs" um die Eingeborenen kümmerten, wenn sie sich eine Heilungsmöglichkeit versprachen – man hätte sie für zynisch halten können. Aber: In einem Land mit ärztlicher Unterversorgung ist ein Doktor einmal im Jahr soviel wert wie jenes Pflaster, das „Quack 1" auf

Man denkt sofort an „Paris-Dakar" – die Wüste, die sich in Staubwolken auflöst. Dieser Teamwagen durchfährt jedoch eine „Einjahresrodung", bei der die Eingeborenen einfach alles anzünden, was einem Feldanbau im Wege steht.

den offenen Brustkrebs einer alten Frau klebte.

Nach zwei Stunden im Dorf sind wir sehr betroffen. Wir sollen fahren, und da haben sie uns einen offenbar sterbenden Mann direkt vor den Wagen gelegt. Wieder muß das Spritzenbesteck geöffnet werden, obwohl gegen Tuberkulose in einem solchen Stadium sicher nichts mehr hilft.

Die Teams scheinen weniger unter diesen Unwägbarkeiten der Tour zu leiden. Sie sind dauernd beschäftigt.

18. April: Tropischer Regenwald ist eine Vegetationsform, die jedem Eindringling das Leben schwermacht. Als Fußgänger muß sich je-

Er sieht so aus, als wolle er nach Mbale, dieser Jäger aus dem Wald. Die Flinte trägt er noch in der Rechten, die Linke umklammert das lange Panga-Messer. Eine Schildkröte zumindest hat er erlegt.

der seinen Pfad durch die Lianen und Wurzeln hauen, weshalb die schlauen Einheimischen bereits gebahnte Wege durch den Dschungel bevorzugen. Verständlich die Fassungslosigkeit der Bevölkerung, als sich die Teilnehmer der „Trophy“ daranmachten, die Piste zu verlassen, um in einem 90-Grad-Winkel in den Wald zu brechen zu einer Sonderprüfung.

Während die Deutschen, Holländer und Chinesen lostobten wie die Saurier und die Portugiesen sich, endlos weit von der Piste entfernt, zwischen zwei Bäumen derart verkeilten, daß wir sie mit zwei Motorsägen freischneiden mußten, steckten die Spanier und die Italiener bereits nach zehn Metern heillos im Poto-Poto fest. Woraufhin die Nachfahren der alten Römer singend aufgaben und die Iberer sich derart abmühten, daß der eine von ihnen mit einem Hitzschlag umfiel. Aber beide „Docs“ waren schnell zur Stelle.

Nach dieser Übung war es vorbei mit der Einigkeit unter den Hispaniern: der Mann von den Kanarischen Inseln kam nicht mehr zurecht mit dem Kollegen aus Madrid. Wie sollte auch einer, der mit dem Stirnband seiner Freundin am Gürtel abends Liebeslieder zur Gitarre singt, verstehen, daß ein anderer lieber Palmwein gurgelt, fremde Kräuter raucht, monoton trommelt und schwarzen Damen in noch dunklere Hütten folgt?

20. April: Gestern sind wir 217 Kilometer gefahren, dazu 40 am Vortag. Die „Docs“ sprachen von „Kaiserwetter“, im Auto kletterte die Quecksilbersäule des Thermometers auf runde 60°C. Die Landschaft

Ein Boot mit acht Eingeborenen darin? Falsch. Es sind vier Kanus mit genau elf Insassen, die ihre Stakstangen nach traditioneller Art senkrecht halten bei Stopps, und so ihre nur hüftschmalen Einbäume fixieren. Auch hier lebt kein Krokodil mehr, noch vor 20 Jahren die Geißel der Kongogewässer ...

ist offener geworden, wir rollen in Staubwolken, als durchquerten wir die Sahelzone. Die Beifahrer schlafen – die rechte Schulter an der klebrigen Tür, zusammengerollt, eingeklemmt zwischen Tür, Fahrer und Armaturenbrett, die Füße verklemmt im Hebelwerk der diversen Getriebe unserer Geländewagen. Von unten schlägt Zaire durch die Federn.

Übernachtet wird auf dem Flugplatz von Ikela, wo das Begleitflugzeug bereits mit einer neuen Ladung Proviant aus Kinshasa wartet. Der Pilot trifft jedoch diesmal auf satte Leute, denn die „Trophy"-Teilnehmer haben sich unterwegs in den Dörfern alles Notwendige beschafft.

Der Mann aus Madrid findet eine Hütte mit Familienanschluß, andere hängen sich zwischen die Autos.

Ein einheimischer Dichter

Henri Lopes wurde 1937 in Leopoldville (heute Kinshasa) in Belgisch-Kongo geboren, hat in Frankreich Geschichte studiert und war erst als Geschichtslehrer tätig. Er wurde dann Erziehungsminister, danach Außenminister, war von 1973 bis 1975 Premierminister und ist heute Finanzminister der Volksrepublik Kongo.

Ein Auszug aus seinem neuesten Roman „Die strafversetzte Revolution" (Ullstein Verlag), einer in Briefform gehaltenen Abrechnung mit der Vergangenheit, mag hier stellvertretend für die sich immer mehr emanzipierende Literatur Schwarzafrikas stehen:

„Wir haben gelernt zu reden! Es gibt auch in unserer Gesellschaft Dinge, an die man sich guten Gewissens gewöhnt hat: die Trinkgelder für gewisse Berufe, die Schmiergelder nach oben, für die Frauen das Bett des ersten besten, die Folterknechte und die dicken Posten für den ehrlichen Mann ... Eine Karte des Mittelkongo aus dem Jahre 1913 zeigt im Land der batéké einen Ort namens M'Pala, den du heute vergeblich suchen würdest. Nur die Pygmäen bewohnen ihn anscheinend noch. Als Beweis seiner damaligen Bedeutung mag die Präsenz eines weißen Kommandanten dienen. Durch bestimmte Umstände, die ich nie genauer in Erfahrung bringen konnte, ergab es sich, daß ein junger m'bochi sich dort als Hausdiener einstellen ließ. Mit Ohrfeigen und gezielten Fußtritten von seinem neuen Herrn erzogen, profitierte er insgesamt gesehen dennoch von dessen Menschenfreundlichkeit. Sein Sohn genoß eine bevorzugte Behandlung, er durfte rechnen und in der Sprache der Eroberer, die er ‚Wohltäter' nannte, lesen und schreiben lernen. Ich frage mich dauernd, ob der Landsmann, den du kennst, sich dieses Vaters und Großvaters, die mit ihren Zeitgenossen nicht wußten, daß die Geschichte heute die Teilnahme am Widerstand verherrlicht, schämen soll oder ob er nicht eher stolz auf diese Männer sein muß. Es ist nicht mein Fehler, wenn mein Stammbaum nicht vorbildlich ist oder mir nicht gleicht."

Wie Antennen stehen dieser Mutter die Zöpfchen vom Kopf, ein blaues Röhrchen aus Plastik dient als Halsschmuck. „Siehst du, Sohn", scheint sie zu sagen, „so komisch können Menschen aussehen".

Der Geruch von Insektenschutzmittel verpestet die Luft, die Teilnehmer schwitzen sich die Seele aus dem Leib. Moskitonetze werden aufgespannt und sind am nächsten Morgen dicht besetzt mit Tausenden von kleinen weißen Schmetterlingen. Diejenigen, die im Freien genächtigt haben, finden sich – wie nach jeder Nacht – nach dem Aufwachen entsetzlich zerstochen.

Am Morgen erscheint auch die Bevölkerung, von der wir nachts nur ihre Trommeln gehört haben: gekleidet in den Überschuß einer westlichen Wegwerfgesellschaft darf sie erleben, wie die Gäste aus der Zivilisation auf der Flugpiste zwischen Stöckchen, die in leere Bierdosen gesteckt wurden, Blindekuh mit den Autos spielen.

Irgendwo ist Markt – und dieser ältere Herr hat sein Panga-Messer sowie Pfeil und Bogen dabei und macht sich mit Waren auf den Weg durchs Grün.

Bei dieser Gelegenheit verschenkten übrigens die Schweizer ihre Chance auf den Gesamtsieg: sie traten nicht pünktlich zur nächsten Sonderprüfung an, da sie beim Wasserholen am Fluß mit dem Auto in einen Graben fuhren und erst von einem Lkw geborgen werden konnten.

22. April: Nach Ikela mit dem toten Kino, der verrosteten Tankstelle, dem kinderlosen Kinderspielplatz aus der Kolonialzeit übernachteten wir in einem Ort fünf Dörfer hinter Ikonge.

Noch einmal unverfälschtes Schwarzafrika. Für einen Dollar erwerben wir Tanzschwerter, für zwei Dollar gibt es Pfeile und Bogen, für drei Dollar einen Hochzeitsspeer. Dabei bekommt man offiziell nur fünf Zaire (die Landeswährung) für einen Dollar. Aber ein paar Teilnehmer hatten in Kinshasa „Freunde" gefunden, die 27 Zaire für einen Dollar zahlten.

Die Tamtams, deren dumpfes Rollen die „Trophy" schon seit einigen Tagen begleitet, haben uns angekündigt. In jedem Dorf laufen die Eingeborenen auf die Piste und freuen sich offenbar über unser Erscheinen. Sobald die Kolonne stoppt, treten Tänzer auf, werden Stühle gebracht. Wir können uns plötzlich lebhaft vorstellen, wie üppig Kolonialherren hier gelebt haben mögen.

Alle Teilnehmer sind angeschlagen. Schon das Anwerfen der Kocher ist für viele eine Last. Die meisten können das kulinarische Einerlei der mitgeführten Einheitsverpflegung nicht mehr ausstehen – seit Tagen nur die Wahl zwischen Huhn mit Champignons und Risotto mit Hackfleisch oder Blutwurst. Manche nähren sich von warmer Cola und Ölsardinen, andere nur noch von „Primus"-Bier.

Am Morgen fällt auf einer 2,5 Kilometer langen Strecke die Entscheidung der Camel-Trophy '83:

Wieder mal eine Landschaft wie ein Scherenschnitt – diesmal in Zaire. Über der grasgrünen Savanne nähert sich ein Wolkenbruch, und die Kugelköpfe der Palmen rauschen im Wind wie Altpapier.

Tempofahren auf einer „Waschbrett"-Piste. Die Holländer strippen ihren Rover bis aufs Blech, sogar den Sprit der Zusatztanks leeren sie in Kanister. Anschließend verblasen sie den Rest der Welt. Die Deutschen klagen über einen zu lahmen Wagen – aber ihr Gepäck haben sie nicht ganz ausladen wollen. Die Italiener steigern sich noch einmal, die Schweizer bringen es nicht mehr ...

Nachdem alle Schäden an den Autos gecheckt wurden und die Holländer, nach Meinung aller, zu gut wegkamen trotz ihrer abgerissenen Kotflügel, steht das Ergebnis fest: Holland-Fahrer vor denen aus Portugal, Hongkong, Deutschland und der Schweiz. Am Ende: die Italiener vor den Spaniern.

Noch ein Morgen nach einer afrikanischen Nacht. Ein Morgen an einem Fluß, wie immer mit goldenem

Wo ein Wille ist, da ist auch ein Weg – und wo dennoch keiner ist, mahlen die Reifen der Geländewagen einen. Es passierte häufig, daß die Camel-Trophy '83 mitten durch den Dschungel führte.

Wasser. Letzte Aufnahmen für das Filmteam, das Ende eines unvergeßlichen Abenteuers mit voller Rückendeckung.

Die meisten warten wie tot am Flughafen auf die Caravelle, die uns zurück nach Kinshasa bringt.

Dort fallen wir dann in die Halle des „Interconti" ein wie Forscher nach einer Mission, wie Söldner nach einem Feldzug. Die Verschlüsse von Bierbüchsen knallen, und einer nimmt die Gitarre zur Hand und zupft sie, als sei er noch im Urwald ...

Astronauten a

Genau betrachtet, sind die Menschen eigentlich gar nicht so unterschiedlich entlang der 1000 Meilen und zu Hause ...

Hochmut ist der Todfeind der Völkerkunde, und Bücher mit Titeln wie „Pygmäen und andere Primitiv-Völker", erschienen 1952 in Stuttgart, werden nicht mehr publiziert.

Man hat endlich erkannt, daß die Menschen auf allen fünf Kontinenten im Grunde gar nicht so verschieden sind – eng verbunden sogar durch die Probleme unseres Jahrhunderts. Als der österreichische Indianerforscher Dr. Fritz Trupp vor einiger Zeit den Xingu-Nationalpark am südlichen Amazonas durchstreifte, weissagte der Schamane des Juruna-Stammes eine düstere Zukunft: „Eines Tages, wenn es keine Bäume mehr gibt, wird der Himmel herabfallen und alle Menschen werden zugrunde gehen."

An der Transamazonica ebenso wie im Bayerischen Wald. Der Schamane – ein Ur-Ökologe?

Wer die Porträts auf diesen Seiten betrachtet, dem wird es schwerfallen, einen Simbu aus dem zentralen Hochland von Neuguinea von einem Yanomami aus dem Grenzgebiet zwischen Venezuela und Brasilien zu unterscheiden. Und ein Kubu, der sich nur selten aus dem Regenwald der Insel Sumatra wagt, sieht kaum anders aus als ein Pygmäe im Ituri-Forst von Zaire.

Die Menschen der Camel-Trophy brechen in die Stammesgebiete entlang der 1000-Meilen-Route ein wie Astronauten: motorisiert, in Eile, offenbar reich und einmalig.

Da sind Kontakte selten. Aber wenn sie dennoch stattfinden, dann ist Nachdenken angesagt. Auf Astronautenseite.

Vier Bilder – drei Kontinente: Auf seine selbstgebastelte Pfeife und die Stahlaxt am Gürtel verzichtet der Papua nie. Die beiden Frauen aus Sumatra und die ernste Schöne aus Zaire begeistern sich dagegen mehr für bunte Stoffe.

f eigenem Gestirn

So wie 1983 in Afrika, als eines Abends ein Storch daherstolziert kam, und einer der „Trophy"-Teilnehmer einem Eingeborenen erzählte, der Vogel stamme aus demselben Land wie er und wolle hier nur überwintern. Lange dachte der Mann vom Kongo nach, dann schüttelte er seinen Kopf und antwortete: „Nein, das glaube ich nicht. Das ist ein Vogel, der hier bei uns zu Hause ist und bei euch nur den Sommer verbringt."

Recht hatte er! Natürlich ist es so und nicht anders. Für ihn. Und keiner widersprach. So verblüfft waren sie von der Logik. Und der Schelte für den Hochmut.

Taktgefühl ist der Schlüssel zu fremden Völkern, Bescheidenheit führt zu internationalem Verständnis. Man muß sich die Landschaften und Lebensbedingungen auf den folgenden Seiten aufmerksam betrachten, um verstehen zu können, was die Menschen dort so macht, wie sie sind. Seien das nun die waghalsigen Wagenia-Fischer über den Stromschnellen des Kongo bei Kisangani oder die rotbemalten Muskelmänner der Xingu bei ihren rituellen Ringkämpfen.

Dampfende Sümpfe mit toten Bäumen, geheimnisvolle Dschungel von ewigem Grün, mäandernde Flüsse wie Adern in der Wüste, schneebedeckte Berge im Schleier der Götter, und Täler wie Höhlen, die selbst den Klang verschlucken und bodenlos zu sein scheinen.

Wenn wir dorthin reisen, befällt die Angst uns, die Astronauten auf dem eigenen Gestirn, die tollkühnen Männer in ihren fahrenden „Zeitmaschinen". Mit Hilfe der Technik meistern wir die Furcht ein bißchen. Bis zur nächsten Panne. Dann brauchen wir die Eingeborenen.

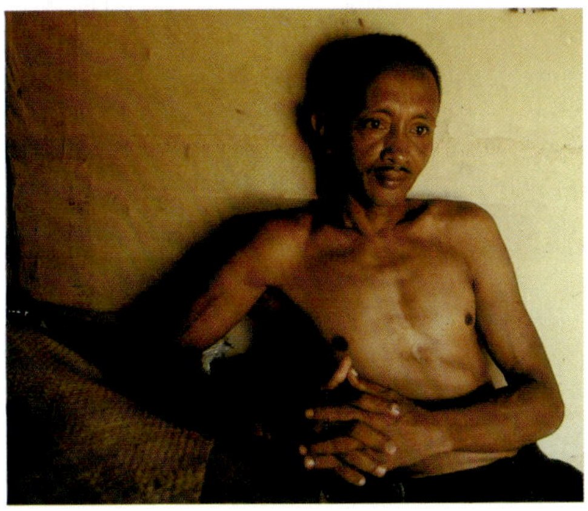

Mit Rasseln aus entkernten Kürbissen begrüßen die sechs Frauen die weißen Fahrer und tragen jene bunten Wickeltücher, die man in Suaheli „Kanga" nennt. Ganz anders dagegen die Mode der beiden Frauen aus Sumatra, wo auch dieser von der Malaria ausgemergelte Mann lebt.

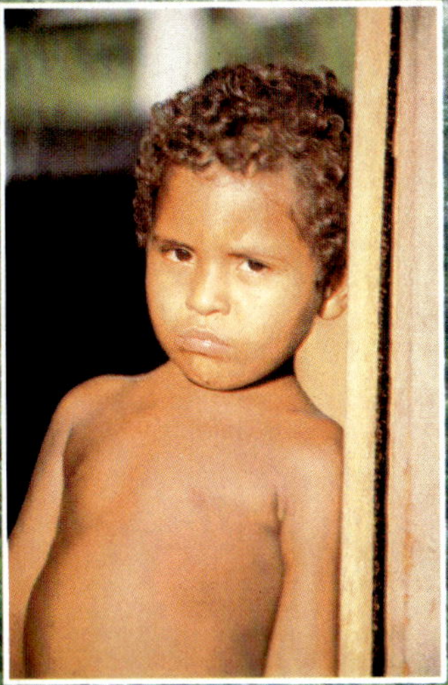

Das ist keine „Grüne Hölle", die da unten liegt, sondern die schützende Mutter Erde, in der sich Menschen noch hinter Pflanzen verstecken können: Abenteurer, Polizisten, Dirnen, Kinder ohne Zukunft, Händlerinnen im Aberglauben, Goldsucher, Holzfäller, Lkw-Fahrer und ein paar Schamanen. Und natürlich scheue Indianer tief in dem Dschungel versteckt, die Welten des Mißverständnisses von einem Erbauer der „Transamazonica" trennen. Was weiß er von Bodenschätzen, die man weder essen, noch zum täglichen Leben verwenden kann – also für ihn nutzlos sind.

Da dachte man, mit Anbruch der neuen Zeit müsse alles anders werden – und nun ist es, stärker als je zuvor, der Riesenstrom, der das Land zusammenhält: Zaire am Zaire, der mal Kongo hieß ...
... wo Mädchen leben mit Schokoladenhaut und witzigen Zöpfen, alte Herren mit weißem Haar und würdigen Bärten, muskulöse Riesen mit kahlen Schädeln und blitzenden Zähnen, Kinder mit dunklen Kulleraugen, und Dorfschönheiten, die sich in seliger Unschuld aufbauen zur Begrüßung der Fremden vor ihren sauberen Lehmhütten.

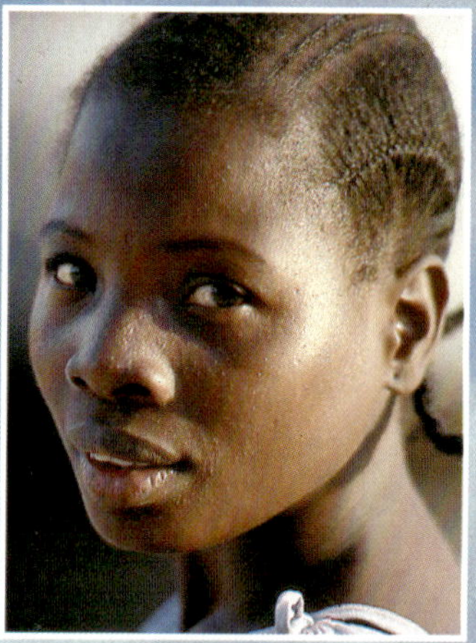
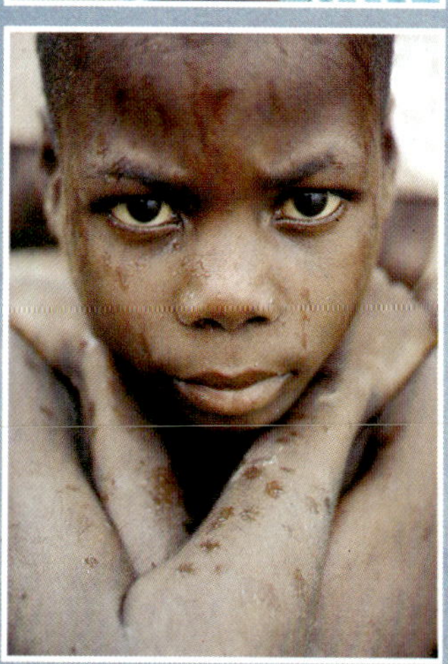
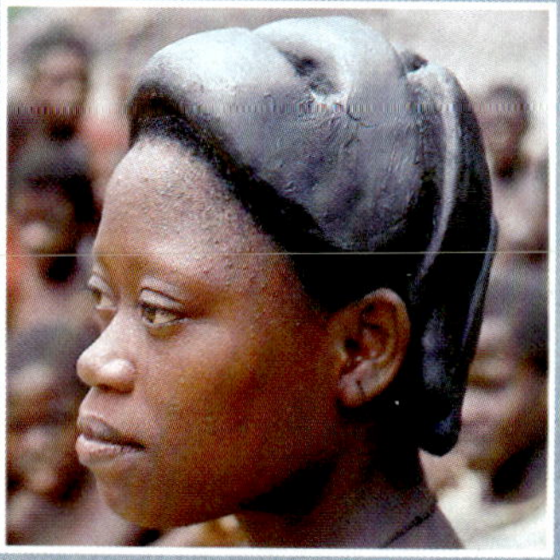

Irgendwo in dieser Palmen-Gegend könnte das Paradies liegen, und oft meint man, es könnte auch Sumatra heißen – mit seinen malerischen Gebirgen entlang der Westküste und den fruchtbaren Ebenen gegen Osten. Die Battak und Atjeh, wilde Stämme, die den holländischen Kolonialherren so schwer zu schaffen machten, sieht man nicht mehr – Hemd und Hose, Kofferradio und Tankstelle haben die alten Trachten und Werte abgelöst. Und in den Städten dominieren die Nachkommen von 150 000 Chinesen.

Überhaupt nicht lächerlich sehen die Menschen in Federn und Farbe aus – aber wie armselig in den Wollmützen und billigen T-Shirts … Die Republik Papua-Neuguinea, im Osten der größten Insel der Welt, ist im Aufbruch begriffen, aber noch haben sich seine Stämme die Freude an der Schönheit und ihren Einfallsreichtum zur Maskerade erhalten. So wie diese Krieger der Foi, Huli, Melpa und Simbu, und wie sie alle heißen.

Die Straße der Tränen

Das Land, in dem Gott mit der Schöpfung nicht fertig wurde oder: „Winsch dir was …“

Dem jungen Alligator sind die Fremden schon gar nicht willkommen. Erst als er wieder in seinen Sumpf freigelassen wurde, soll er freundlich geblinzelt haben ...

Wenn du glaubst, du kennst die Transamazonica, weil du ja schon einmal auf dieser Teufelsstrecke gefahren bist, dann hast du dich getäuscht. Diese Straße lernt niemand je kennen. Weil diese Straße eigentlich gar nicht existiert. Sie ist geplant und gebaut worden. Aber sie ist genau das, was im Lied „the long and never ending road" genannt wird. Nicht, weil sie etwa keine Grenze hätte. Die hat sie schon. In Cruzeiro do Sul nahe der Grenze zu Peru ist Schluß mit der Transamazonica. Was danach kommt, schafft kein Geländewagen mehr. Aber auch bis dahin ist es fast ein unmögliches Unterfangen, diese rote Piste zu bewältigen. Dieses Monstrum aus Lehm, Regen, Moskitos, Schweiß und Tränen ist unendlich, weil es immer wieder neu gebaut werden muß. Wo gestern noch ein Pfad war, ist heute ein Fluß. Wo vor einem halben Jahr drei Lkws hätten nebeneinander fahren können, schaffst du es heute gerade noch zu Fuß. So schmal ist der Grat aus meterhoch aufgeschüttetem Sand geworden. Und wenn du über diesen Grat gehst, dann weißt du, warum die Botaniker sagen, daß das Schönste am Regenwald das oberste Stockwerk der Dschungelriesen ist. Denn du gehst am obersten Stockwerk entlang spazieren. Erst viele Meter tiefer gibt es wieder festen Boden. Und den willst du nicht spüren. Denn den spürst du nur, wenn du ihn nicht spüren willst. Und dann ist dein Wille zum letztenmal gebrochen.

Manaus, den Treffpunkt der Camel-Trophy '84, nimmst du kaum wahr. Du mußt erst mal wieder das Klima verarbeiten. Mußt dich daran gewöhnen, jetzt für viele Tage in einem feuchtwarmen Schwamm zu leben. Und dann hast du gehört, daß

Camel Trophy '84: die Schlammschlacht vom Amazonas. Anhaltende Regenfälle machen schon kurz hinter Itaituba - wo sich die Teams mit ihren Landrovern zum Start formieren - aus 1000 Meilen Abenteuer eine Tauchfahrt des Schrekkens. Mehr als einmal sieht es so aus, als müßte die „Trophy" abgebrochen werden.

Trotz Differentialsperre und Vierradantrieb: die Räder der neuen Landrover 110 finden auf dem glitschigen roten Lehm der Transamazonica kaum einen Halt. Die Piste besteht nur aus Kratern, Rissen und Canyons, die den Achsen der Wagen schwer zusetzen.

du diesmal wirklich von Anfang an auf dich selbst angewiesen bist. Auf diesem Abschnitt der Transamazonica kannst du keine Siedlungen und Kneipen erwarten, da gibt es -zig Kilometer weit nichts als Piste und Urwald. Also heißt es, sich schon vor Beginn der „Trophy“ mit allem Notwendigen auszurüsten. Du überlegst ständig, was du noch brauchst. Sind genügend Kanister für Wasser vorhanden? Was für Konserven nimmt man am besten mit? Sind genügend Werkzeuge in den Wagen? Was ist mit Äxten, Hakken, Spaten, Schaufeln? Sehen die Macheten nur gut aus, oder sind sie wirklich gut? Ist das Gepäck ausreichend gegen die Feuchtigkeit isoliert, oder wirst du am Ende der „Trophy“ einen Haufen fauliger Lumpen in deinem schönen Koffer finden?

Du nimmst dir vor, all diese Dinge cool und ohne Aufregung zu klären, wenn du erst in Santarem bist, wo die Jeeps schon bereitstehen. Bis dahin ist es noch ein schöner Flug über den Zusammenfluß von Amazonas und Rio Negro. Der Pilot der planmäßigen Linienmaschine zwischen Manaus und Santarem fliegt für die Abenteurer der Camel-Trophy '84 eine Extrakurve über dem

Farbquirl, den die beiden Flüsse meilenweit bilden. Von oben sieht das alles einfach schön und überwältigend aus. Später, von unten aus der Erdperspektive, ist es nur noch überwältigend. Im wahrsten Sinne des Wortes.

Manaus liegt in der Sonne. In Santarem beweisen die Tropen mal wieder, daß die Regenzeit nicht umsonst ihren Namen trägt.

Bis jetzt schmeckt das Wort „Abenteuer" noch ein wenig nach Bücherstaub. Aber nun, hier in der von flackerndem Licht kaum erleuchteten Garage in Santarem, wo die neuen Landrover in Reih und Glied auf ihre Fahrer warten, da wird das Abenteuer plötzlich Wirklichkeit. Während draußen die viel zu schnell vergehende Tropendämmerung das Licht weich macht, checkst du knallhart, ob am Geländewagen alles stimmt. Viel Zeit bleibt dir nicht, denn heute nacht

Vier Jahre nach der ersten Camel-Trophy kämpfen sich die Teams wieder durch den brasilianischen Dschungel. Mit neuen Landrovern fahren sie die Transamazonica Richtung Rio Branco.

Morgenstimmung im Camp: der Nebel hängt noch in den Bäumen. Die Luft ist feucht und warm, die Kleidung klebt am Körper. Etwas Kaffee, ein paar Ölsardinen zum Frühstück, dann wird das Lager abgebrochen und es geht weiter.

Größenwahn mit Musik

Wer nach der Oper fragt in Manaus, stößt auf Ratlosigkeit. Man muß sich nach dem „Amazonischen Theater" erkundigen, dann bekommt man den „Größenwahn mit Musik" gezeigt – nicht das schönste Gebäude des südamerikanischen Kontinents, sicher aber das überraschendste. Andreas Bender, der Expeditionsleiter der Camel-Trophies, beschreibt das Haus in seinem Buch „Transamazonica":

Im Jahre 1892 plünderte der damalige Statthalter Eduardo Ribeiro seine ohnehin überfüllte Stadtkasse und setzte sich für eine großzügige Renovierung der Urwaldstadt ein. Neben neuen breiten Boulevards, Verwaltungsgebäuden und Krankenhäusern plante man den Bau eines Opernhauses.

Einer italienischen Baugesellschaft erteilte man den kostspieligen Auftrag. Mit der Anweisung, nur das Beste und Teuerste zu kaufen, sandte man zahlreiche Sonderbeauftragte nach Europa, um die Baumaterialien und die Einrichtung auszusuchen. Schon nach wenigen Wochen wurde Manaus von ausländischen Baumeistern und Künstlern überflutet.

Die Grundsteinlegung eines Opernhauses mit 1200 Sitzplätzen – für eine Stadt von damals nicht einmal 15 000 Einwohnern – war allerdings Grund genug, keine Kosten zu sparen. Im Hafen von Manaus, dessen schwimmende Docks nahezu 40 Millionen Dollar verschlungen hatten und der mit 1313 Metern die längste Landungsbrücke der Welt besaß, lagerten bereits die aus Glasgow beorderten Eisenträger. Nach und nach entlud man Marmor aus Italien, Porzellan aus England, Glas aus Böhmen und kistenweise Möbel aus Frankreich. Um die Bauarbeiten voranzutreiben, legte man kurzerhand Eisenbahnschienen vom Hafen zum Opernplatz.

Die Planer beauftragten einen italienischen Maler, die Deckengewölbe der riesigen, aus bunten Fayencen gefertigten Kuppel (von der ein paar Übergeschnappte bedauerten, daß sie nicht aus purem Gold erstellt worden war), mit auf Harfen spielenden Engeln und barbusigen Indianermädchen auszuschmücken. Schwere Spiegel und Möbel im Louis-XV-Stil aus Paris dekorierten die Logen, Wandelhallen und Garderoben.

Was nun noch fehlte, war ein gewaltiger eiserner Apoll, den man bereits unter ungeheurem Kostenaufwand von Frankreich nach Manaus schaffen ließ. Da Experten einer Pariser Firma bei der Anbringung der Eisenkonstruktion der Kuppel des Opernhauses hölzerne Strebepfeiler verwendet hatten, die schon nach wenigen Monaten Termitenschäden aufwiesen, befürchteten die Bauherren, daß die Kuppel und mit ihr das ganze Opernhaus unter der enormen Last zusammenstürzen könnten. So verramschte man den Apoll im Hinterhof eines Farmanwesens. Mysteriöse Umstände ließen ihn später für immer verschollen bleiben.

Um die Eröffnung des neuen Wahrzeichens von Manaus gebührend zu feiern, erleichterte man die Stadtkasse um weitere 10,3 Millionen Dollar, und zu diesem Ereignis entsandten zahlreiche europäische Regierungen Sonderbotschafter und andere Würdenträger mit ihren juwelenbeladenen Gattinnen in den Amazonasdschungel.

Daß jedoch die Melba oder gar Caruso in Manaus gastiert haben, ist Legende, die sorgsam am Leben gehalten wird.

Eine Siedlerhütte am Rande der Transamazonica. Viele der von der Regierung in die Wildnis gelockten Siedler haben den Kampf gegen den Dschungel aufgegeben und fristen als Fischer oder Jäger ihr karges Dasein.

geht es los. Heute nacht beginnt die Camel-Trophy '84. Und die wird hart.

Die Rover sind gerüstet. Du auch. Denkst du. Und bevor du den Anlasser drehst, läuft im Zeitraffer noch einmal das ab, was du von den kommenden Tagen erwartest. So schlimm kann es ja nicht werden, denkst du. Du hast dich vorbereitet. Deine Ausrüstung stimmt. Deinen Teamkollegen kennst du inzwischen. Und dich selbst glaubst du sowieso zu kennen. Was soll schon sein? Bis Itaituba sind es nur ein paar hundert Kilometer. Eine Nacht. Das sind nur etwa zwölf Stunden. Also Zündschlüssel drehen, Fuß auf das Gaspedal und los. Vorbei an den verständnislosen Gesichtern der Leute aus Santarem, die vor der Garage stehen und nicht verstehen, warum die Gringos in den Busch fahren. Einfach so. Ohne es zu müssen, nur weil sie es wollen ...

Natürlich sind diese ersten paar hundert Kilometer der Stichstraße, die dich endlich auf die Transamazonica bringt, anders als die Straßen, die du kennst. O. K., du mußt aufpassen. Aber du hast immer noch Zeit, den Geschichten zuzuhören, die dir die Leute erzählen, die schon ein paar Tage vor dir dagewesen sind. Und du kannst über diese Geschichten noch lachen. Geschichten von Polizisten der brasilianischen Straßenpolizei, die an der Ortsausfahrt von Santarem auf Schmuggelfahrzeuge gewartet haben. Die langsam ihre gewohnte Strecke patrouilliert haben. Und plötzlich von einem Wagen – in einem für sie rasendem Tempo – überholt wurden. Als am nächsten Tag der Expeditionsleiter und sein Assistent erneut die Strecke fuhren, um noch ein paar technische Details an den Landrovern zu überprüfen, wurden die Wagen von den Polizisten angehalten. Was sie hier machten, wollten die Ordnungshüter der Stadt an der Grenze der Zivilisation von den Fahrern wissen. Sie würden Autos testen, war die Antwort. Nur Autos testen? Ja, sicher. Erstaunen auf seiten der Polizisten. Erst gestern abend hätten sie ein paar dieser merkwürdigen Gefährte gesehen. Die mit strahlenden Lichterbäumen ausgestatteten Jeeps seien mit einer wahnwitzigen

Andere Siedler – wie dieses alte Ehepaar, dessen asiatische Vorfahren irgendwann höchstwahrscheinlich unfreiwillig nach Brasilien kamen – schaffen es, sich in einer der kleinen Siedlungen als Händler oder Kneipenbesitzer einen bescheidenen Wohlstand zu erarbeiten.

Die Tiefe der wassergefüllten Fahrrinnen läßt sich nur schlecht schätzen. Wer das Risiko vermeiden will, mit dem Kardantunnel auf dem Schlammgrad in der Mitte der Spur hängen zu bleiben, muß aus dem Wagen und die Strecke zu Fuß prüfen.

Wer das versäumt, kommt schneller in die Hölle, als er gedacht hat: bis über die Motorhaube taucht der Landrover in den roten Matsch.

An vielen Stellen verschwindet die Transamazonica völlig unter Wasser. Dann müssen Fahrer und Beifahrer bis über die Hüften in die Fluten, um sich die Strecke bis zum nächsten festen Pistenstück selbst abzustecken.

Geschwindigkeit an ihnen vorbeigerast. Daß diese merkwürdigen Fahrzeuge sie überholt hätten, sei ihnen zwar nicht recht, aber verständlich. Wegen der auf dem Dach der Rovers montierten Leuchtstrahler hätten sie allerdings zunächst an Ufos geglaubt. „Wir dachten, es wären immer zwei Autos – eines, das fährt, und eines, das fliegt." Du lachst und freust dich. Das sind die Geschichten, die du später zu Hause erzählst. Da ist das Abenteuer dann viel mehr, als es wirklich gewesen ist. Denkst du.

Aber diese wenigen hundert Kilometer bis zur Transamazonica, deiner Traumstraße, die du schon immer mal fahren wolltest, und die erste zarte Fühlung, die du mit diesem roten Ungeheuer aufnimmst, lehren dich Ehrfurcht. Es hat nicht geregnet. Die Piste ist nur so, wie sie eben ist. Und doch bleiben schon die ersten Wagen in den Löchern hängen, die die „Straße der Tränen" nun einmal auszeichnen. Im Morgengrauen an der Fähre ist die Camel-Trophy-Kolonne schon nicht mehr geschlossen. Während

die ersten Wagen über den Tapajos übersetzen – eine Fährfahrt von etwa einer Stunde –, erreichen die letzten nach und nach die Fährstation. Der eigentliche Startpunkt der Camel-Trophy '84 liegt in Itaituba. Und schon haben die ersten Wagen Schäden weg, die den langen Rest der Strecke zur Hölle werden lassen.

Schon diese erste Nacht bringt dein Zeitgefühl endgültig durcheinander. Du denkst nicht mehr in Tagen oder Nächten. Du weißt, daß jetzt nur noch die gefahrene Strekke gilt. Egal, ob bei Tag oder bei Nacht. Oder bei Tag und bei Nacht. Von nun an heißt es, den nächsten Abschnitt der „Trophy" zu schaffen. Entweder du kommst durch oder nicht. Das Vorspiel ist vorüber. Jetzt wird es ernst.

In Itaituba werden die Gewinner der Preisausschreiben, die diese erste Nacht mitmachen konnten, verabschiedet. Ein Boot, in dem die Hängematten die Kabinen ersetzen, bringt sie nach Manaus zurück. Danach stehen für sie noch ein paar Tage Rio de Janeiro auf dem Programm. Alle, die jetzt auf die „Trophy" gehen, beneiden diese Glücklichen ein wenig, sind aber gleichzeitig stolz darauf, etwas anderes machen zu können. Rio ist zwar weit weg von der gewohnten Umgebung, aber ist doch – wenn auch exotische – Zivilisation. Was diejenigen erwartet, die von Itaituba ihren Weg mit den Autos suchen, ist etwas ganz anderes. Von hier aus gibt es nichts Gewohntes mehr. Ab Itaituba hat die Transamazonica nur noch Überraschungen parat. Und das sind überwiegend schlechte. Nein, nicht schlechte. Die Prüfungen, die die Transamazonica für dich bereithält, sind nur härter, als du sie erwartet hast.

Wenn die Strecke endgültig versunken ist, tastet sich eine Vorhut durch Wasser und Schlamm, um den Wagen ein Durchkommen zu ermöglichen.

Überraschungen bieten allerdings auch die Teilnehmer der Camel-Trophy '84. Während der Nachtfahrt von Santarem nach Itaituba ist am Jeep von Jörn Pugmeister, einem der „Trophy"-Journalisten, ein Scheibenwischer abgebrochen. Der mit im Wagen sitzende „Trophy"-Offizielle wird rausgeschickt, das wichtige Utensil zu bergen. Als Pugmeister ihn dann beim letzten Check-up in Itaituba fragt, wo der Scheibenwischer sei, erhält er in gemütlichem Schweizer Dialekt die Antwort: „Oh, den habe ich jetzt beim Aussteigen weggeworfen. Ich dachte, den brauchen wir nicht mehr. Wir haben ja noch den anderen Scheibenwischer."

Wie bitter nötig solche Kleinigkeiten wie ein Scheibenwischer sein können, erfahren die „Trophy"-Teams wenige Stunden später.

Im Werkstattwagen ist der Schalthebel abgebrochen und durch einen Schraubenzieher ersetzt worden. Ohne Phantasie und Improvisationstalent kommt man im Urwald eben nicht weiter.

Als hätten böse Dschungelgeister ihre Hände im Spiel, setzt mit dem offiziellen Beginn der „Trophy" strömender Regen ein. Knapp zwei Stunden Fahrt haben die Wagen hinter sich, als mit der aufkommenden Dämmerung das erstemal die Piste unter den Rädern verschwindet. Es hilft nichts. Du mußt raus in den Schlamm, der dir sofort in die Stiefel läuft, der zäh wie Gummi an Schuhen und Hosenbeinen hängt, der das Gehen zur Mühe werden läßt. In Sekunden ist deine Kleidung vom Regen durchweicht. Im gleißenden Licht der Scheinwerfer suchst du in dem bodenlosen, muffig riechenden Schlamm nach einer Passage für deinen Rover. Mit dem Spaten bemühst du dich, für die Räder eine Bahn zu graben. Eine Sisyphusarbeit. Wenn sich der Spaten schmatzend aus der roten Masse löst, bleibt der Lehmmatsch an der Schaufel hängen. Du mußt den Lehm vom Spaten treten. Und mit dem Regen und dem Matsch mischt sich dein Schweiß. Und der lockt die Moskitos an. An die denkst du jedoch erst später, wenn du wieder im Wagen sitzt und deine blutenden Arme kratzt. In dieser ersten offiziellen „Trophy"-Nacht reißt die Kolonne der Wagen schnell auseinander. Wie auch später finden sich immer zwei bis vier Teams zusammen, die gemeinsam versuchen, diese Höllenpiste zu schaffen. Obwohl die Teams während dieser Nacht ihre erste Sonderprüfung zu lösen haben – auf einer Strecke von 45 Kilometern eine Durchschnittsgeschwindigkeit von 50 km/h zu halten –, ist die Konkurrenzsituation schnell vergessen. Gemeinsam durchkommen ist wichtiger als einsam in der Nacht verschwinden.

Im gleichmäßig fallenden Regen wechselt die Transamazonica ihre Farbe. Der rote Lehm weicht fahler Tonerde. Die hellen Lichtkegel der Scheinwerfer tanzen jetzt über eine weißleuchtende Geisterbahn.

Schon nach zwei Tagen hatte die Camel Trophy '84 bei den Teams einen neuen Namen: „Winsch dir was". Ohne die Winden der Landrover wären nur knapp ein Zehntel der 1000 Meilen geschafft worden. In diesem Dreck bleibt auch der beste Fahrer stecken. Und dann hilft nur noch buddeln und winschen.

Links und rechts eine dunkeldrohende Wand, aus der nur gelegentlich schemenhafte Schatten ragen – der Urwald. Die Navigation wird immer schwieriger. Navigation ist das richtige Wort. Die Rover schwimmen durch die Dunkelheit. Du kannst keine klaren Konturen mehr erkennen. Weißt nicht mehr, wo der Regen endet und Bäume oder Piste beginnen.

Irgendwann in dieser Nacht taucht im Licht der Scheinwerfer eine guterhaltene Fischerhütte auf. Wo sie genau liegt, wie weit das Etappenziel entfernt ist, interessiert keinen mehr. Wichtig ist das Dach über dem Kopf, um ein paar Stunden Schlaf in relativer Trokkenheit zu kriegen. Und hundemüde sind alle. Denn die Teams haben seit 48 Stunden keinen Schlaf gehabt. Wer es schafft, kriecht in die Hängematte, die anderen richten sich im Auto oder auf dem Boden ein. Hauptsache schlafen!

Nach einer klammen Nacht gilt der erste Blick dem Himmel. Gott

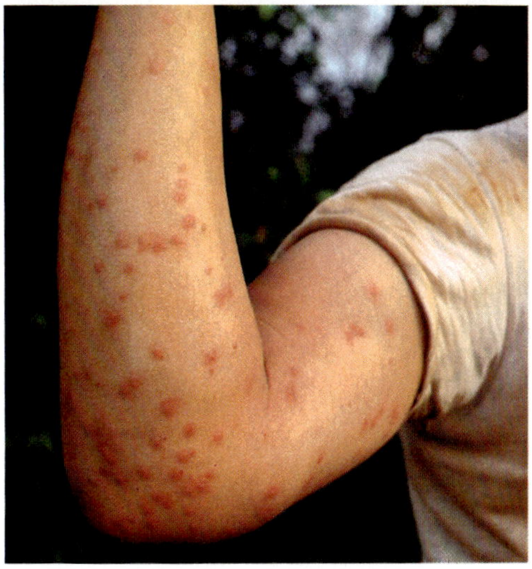

An Stichen von Moskitos und Piu-Fliegen ist zu erkennen, was hier den Weg so höllisch macht.

sei Dank! Die Wolken reißen auf. Der Regen hat ein Ende. Zwar ist die Transamazonica noch für einige Tage ein einziges Schlammloch, aber die Chancen weiterzukommen stehen gut. Ein kräftigendes Frühstück aus Sardinen und Hartkeks, ein paar Schluck Wasser und einer Banane läßt den Tag mit guter Laune beginnen. Also auf zur Verfolgungsjagd der anderen Teams! Der Jeep vor dir tanzt Samba. Wie

Nur selten konnten die Teams so komfortabel mit Moskitonetz und einem Dach über der Hängematte übernachten. Der Regelfall sah anders aus: zwei eng zusammenstehende Landrover, zwischen die die Hängematten gehängt wurden, das Innere des Wagens oder einfach mit allen Klamotten in den Lehm – Hauptsache liegen und pennen.

In den zahllosen kleinen, stehenden Gewässern, die links und rechts der Transamazonica im Busch vor sich hin glucksen, haben nicht nur Moskitos und andere Insekten ihre Brutstätte.

ein wildes Rodeopferd bockt und springt der Rover durch Schlammlöcher, achstiefen Morast, schiebt das Hinterteil quer, geht mit allen vier Rädern in die Luft, duckt sich fast bis zur Motorhaube in den weichen Boden, kippt plötzlich weit zur Seite und schwankt wieder zurück. Und du bist froh, daß dein Vordermann mit dem Rover tanzt – denn solange er tanzt, so lange fährt er. Und wo er durchkommt, da kommst auch du durch.

Und dann ist doch plötzlich Schluß. Fast 200 Meter weit bedeckt ein Fluß die Transamazonica. Die Piste ist einfach verschwunden. Der Regen hat einen der zahllosen kleinen Urwaldflüsse zu einem Strom anschwellen lassen, der jetzt die Piste überflutet. Die linke Kante der Straße gleicht einem Wasserfall. Die einige Meter tief stürzenden Wassermassen reißen stetig zenti-

Für den Chef des Film-Teams, Wolfgang Grasshoff, ist die Trophy '84 beendet. Übermüdet, unkonzentriert und dann ein zu hohes Risiko: das Ergebnis ist eine doppelte Rolle seitwärts von der Piste in den Busch. Wie Regisseur Grasshoff mußten am Ende der „Tour der Tränen" ein paar weitere Fahrer ausgeflogen werden.

meterweise das Fundament der Piste mit sich. Vorsichtig werden die 200 Meter Wasser durchwatet. Nirgends tiefer als etwa 60 Zentimeter – also für die Rover zu schaffen, wenn die Fahrer in den Fluten auf der Piste bleiben. Was immer die Fahrer zwischen den verkniffenen Lippen hervorpressen, ob es Gebete sind oder Flüche – es hilft! Die Wagen rauschen mit stolzer Bugwelle durch den Strom und landen sicher dort, wo die Transamazonica wieder als Dschungelpiste zu erkennen ist. Stunde um Stunde kämpfen Fahrer und Wagen sich über die Strecke. Dankbar für jeden Kilometer, der ohne Probleme gefahren werden kann. Morgens um sechs war es losgegangen, nachmittags um drei sind gerade etwa 30 Kilometer zurückgelegt. Weil die Wagen immer wieder aufhören, Samba zu tanzen, und im Schlick festsitzen. Dann mußt du wieder raus und graben, kleine Bäume fällen, mit der Machete Äste und Sträucher schlagen – und aus alledem baust du für deinen Wagen einen Damm, eine Fahrspur. Und wenn du schließlich draußen bist auf festem Grund, drehst du den Jeep und winscht den nächsten Wagen aus dem Dreck. In den Autos sieht es inzwischen aus wie draußen. Gas, Bremse und Kupplung tragen dicke Überzüge aus Lehm, und auf dem Fußboden hat sich ein stinkender Morast aus Schlamm, Dieselöl und Blattwerk gebildet.

Hinter einem kleinen Hügel stehen die anderen „Trophy"-Rover. Die Wiedersehensfreude erhält einen Dämpfer, als der Grund für das unfreiwillige Camp sichtbar wird: eine eingestürzte Brücke. Am Abend des Vortages sind noch ein paar Wagen auf die andere Seite gekommen, dann haben die tosenden Wassermassen die Balken weggerissen. Einige zaghafte Gemüter prophezeien schon das Ende der Camel-Trophy '84. Die kennen eben die Jungs aus Deutschland und Italien noch nicht! Vor allem Volker Lapp, der deutsche Survivalspezi, und Alfredo Redaelli, der italienische Sportfan, zeigen Meisterleistungen beim Bau der Behelfsbrücke. Während ein Teil der Männer mit Motorsäge und Äxten im Dickicht Bäume fällt, wird unter der gemischtsprachigen Anleitung der beiden „Brücken-Ingenieure" eine provisorische Seilverbindung über den Fluß geschaffen. Die kombinierte Kraft mehrerer Winschen zieht dann die glattgeschlagenen Stämme an dieser „Seilbahn" über die Schlucht. Bei glühender Hitze solch mühsame Präzisionsarbeit, die noch dazu viel Kraft kostet – ein Wunder, daß alles klappt! Die Ver-

Das wichtigste Zeichen auf der Urwaldpiste: der Daumen. Zeigt der Daumen der befragten Fahrer nach oben, heißt das: Es könnte gehen. Nach unten heißt: Kein Durchkommen.

Transamazonica – Die Traumstraße der Tränen

Die längste Straße der Welt ist eine 5000 Kilometer lange Piste aus roter Erde, die sich, etwa parallel zum Amazonas, von Belem an der Flußmündung bis nach Cruzeiro do Sul am Fuß der Anden erstreckt.

Anfang 1971 kehrte ein Mann enttäuscht nach Berlin zurück, der zehn Jahre lang den Traum von der Kolonialisierung des Amazonasgebietes geträumt hatte. Der Straßenbaubehörde des brasilianischen Bundesstaates Para hinterließ der deutsche Ingenieur Friedrich Hopke einen utopisch anmutenden Plan: eine Straße quer durch den Dschungel, um die südlichen Zuflüsse des Amazonas miteinander zu verbinden und den Urwald für Menschen zu erschließen.

Im Mai 1971 starb der Ingenieur, ohne seinen Traum verwirklicht zu haben. Knapp einen Monat später beschloß die Regierung in Brasilia den Bau der Transamazonica.

Die „Straße des Jahrhunderts", von deren Bau sich die brasilianische Regierung vor allem eine Entlastung der Elendssiedlungen in den Metropolen des Landes erhoffte, führt von den trockenen, übervölkerten Gebieten des Nordostens durch das feuchttropische Amazonastiefland bis zu den Vorbergen der Anden.

Vier Jahre brauchten mehr als 8000 Männer, um die Transamazonica vom Reißbrett in die Wirklichkeit zu übertragen.

Der Stolz der Regierung in Brasilia, die links und rechts der Piste gelegenes Land kostenlos an Siedler vergibt, wird von den Lastwagenfahrern, die ihre Trucks über die aus Schlaglöchern, Wasserlöchern und Schlamm bestehende Piste quälen, nur „Transamargua" genannt: „Straße der Tränen". Befahrbar ist die schmale Lehmpiste, die entweder den Fahrer frißt oder deren roter Staub und Matsch vom Fahrer gefressen wird, auf allen Teilbereichen nur in den Sommermonaten von September bis Dezember.

Die Siedler, die mit Brandrodungen dem Urwald Land abzuringen versuchen, sind auf die Lastwagen und Busse der „Transbrasilia" angewiesen. Sie stellen die einzige Verbindung zur Zivilisation dar. Ohne sie gibt es weder Werkzeug, noch Lebensmittel, noch Benzin …

Die Siedler, die voll Hoffnung hierher geflohen sind, um der Hoffnungslosigkeit der Favelas zu entgehen, haben sich ein mühe- und qualvolles Leben eingetauscht. Sie kämpfen gegen Moskitoschwärme und die ständig drohende Malaria, gegen Giftschlangen, handtellergroße Jagdspinnen und maikäfergroße Ameisen, deren Bisse nicht unbedingt tödlich, aber äußerst schmerzhaft sind.

Es fehlt ihnen praktisch an allem: Eine ärztliche Betreuung gibt es nicht, ebensowenig eine Infrastruktur, die eine Versorgung mit den wichtigsten Dingen des Lebens zuläßt. Es mangelt ihnen an Saatgut und vor allem an landwirtschaftlichen Geräten, von Maschinen ganz zu schweigen. Und sie kämpfen gegen einen unfruchtbaren Boden.

Die scheinbar üppige Fruchtbarkeit des tropischen Urwalds existiert nur, solange der Urwald unangetastet bleibt. Werden die mächtigen Bäume, die die mehrgeschossig angelegte Vegetation des Dschungels tragen, abgeholzt und niedergebrannt, bricht der natürliche Mineralienkreislauf zusammen. Der Boden selbst enthält nur wenig Nährstoffe. Die erste Ernte ist recht ertragreich. Die zweite reicht gerade für die nächste Aussaat. Die dritte Ernte gibt es nur noch in den Werbetexten der brasilianischen Regierung. Also ziehen die Siedler weiter entlang der Transamazonica. Roden immer mehr Urwald und schaffen so einen breiten Streifen von Steppe und Sekundärwald, dessen kahle Baumgerippe traurige Mahnmale des früher üppig wuchernden tropischen Regenwaldes sind.

Die Spurstange ist verbogen. Die Piste wird zur Werkstatt. Da heißt es erst mal den Lehm von den Schrauben zu schaffen und dann die Schrauben lösen. Und wenn die Spurstange am Kuhfänger wieder einigermaßen ausgerichtet wurde, das Ganze von vorn. Bis zur nächsten Rast.

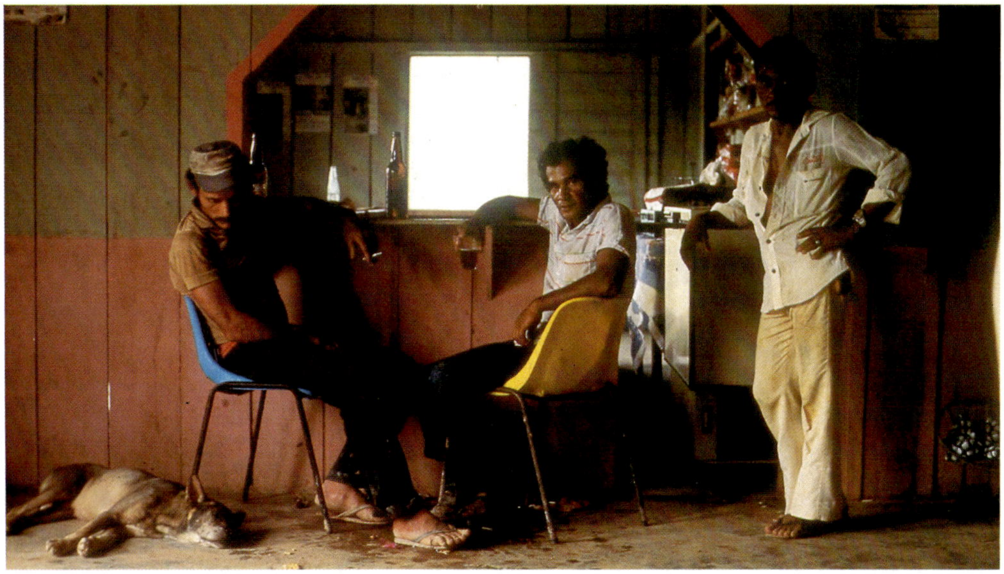

Die Gringos von der Camel Trophy werden nicht überall mit offenen Armen begrüßt. Gelegentlich dauert es sehr lange, bis das Mißtrauen der brasilianischen Abenteurer überwunden ist, die hier in irgendeiner Kneipe hängengeblieben sind.

ständigung ist auch kein Problem. Wenn tatsächlich mal ein Mißverständnis auftritt, wird laut geflucht. Das versteht dann wieder jeder.

Als das belgische Team Pause hat, ist folgender Dialog zu hören: „Soll ich Spaghetti heiß machen?" – „Ja, gern." – „Oder lieber eine Suppe?" – „Ja, auch gut. Dann essen wir die Suppe vorher." – „Und was möchtest du zum Nachtisch? Eis, Birne Helene oder lieber Torte und Obst?" – „Schon gut, also essen wir Spaghetti!" Trotz knochenharter Arbeit bei 50° C Hitze: der Speiseplan will mit Ruhe und Muße diskutiert sein ...

Als die Nacht kommt, die die Moskitos und die blutgierigen Piu-Fliegen bringt und den Dschungel zu zirpendem, sirrendem, quakendem, brüllendem Leben erweckt, sind zwei Stämme sicher an beiden Ufern befestigt. Von den Schweizer Teams, die zusammen mit einem Teil der „Trophy" am Fluß campieren müssen, mit einem wehmütigen Alpenjodler verabschiedet, ziehen sich die Teams vom anderen Ufer in eine wenige Kilometer entfernte Garimpeiro-Kneipe zurück, um hier zu übernachten.

Die Atmosphäre in der brüchigen Holzbaracke ist alles andere als freundlich. Die Goldgräber glauben, daß die „Trophy"-Wagen die Brücke zerstört haben. Nach einigen Gläsern Cachassa machen die finstersten der Rauhbeine ihrem Unmut Luft: Schüsse aus Revolvern und Gewehren krachen, Kugeln schlagen in die Decke der Bude. Die Spannung erreicht eine kritische Grenze. Bis zwei erfahrene journalistische „Trophy"-Profis die action selbst übernehmen. Mit einer Flasche Zuckerrohrschnaps wird den Garimpeiros Gesprächsbereitschaft signalisiert. Nach einigen weiteren Gläsern bekunden die beiden deutschen Abenteurer den brasilianischen Abenteurern ihr Interesse an den Waffen. Ein Packen Cruzeiroscheine wird auffällig aus der Tasche geholt. Die Garimpeiros zeigen nun ebenfalls Interesse. Auf dem Weg in die Zivilisation sind Cruzeiros nützlicher als Goldstaub. Selbst hier, fernab jeglichen geregelten geschäftlichen Treibens, wird die Bezahlung mit Gold gelegentlich zu einem Pro-

Unter der Regie von Volker Lapp, der später zusammen mit Ulrich Schumm zweiter der Trophy '84 wurde, bauten die Teams die erste von mehreren Brücken.

Noch hängt der Rest der ursprünglichen Brückenkonstruktion. Minuten später reißen die Fluten auch die restlichen Balken weg. Viele der Fahrer dachten, das hier nach ein paar hundert Kilometern die Camel Trophy beendet sei. Pläne wurden gemacht, die „Trophy" zu teilen und getrennt fahren zu lassen. Doch der Wille zum Durchhalten schaffte nach zwei Tagen eine neue Brücke. Die „Trophy" ging weiter.

blem. Die Wirtin der Kneipe hat entsprechend ihre Probleme mit den Kunden: „Die Garimpeiros kommen rein, fressen und saufen, was das Zeug hält, und knallen dann ein paar Nuggets auf den Tisch. Ich weiß einfach nicht, was ich mit dem Gold soll. Cruzeiros wären mir lieber. So aber muß ich mir eine Waage und Gewichte besorgen, und schon gibt es wieder Streit, weil dann behauptet wird, die Gewichte stimmten nicht."

Vielleicht ist das der Grund, warum die beiden Parteien schnell handelseinig werden. Mit Cachassa wird der Handel besiegelt. Für etwa 300 Mark wechseln ein Revolver und eine Flinte die Besitzer. Nun haben wir die Waffen und die Garimpeiros das Geld. Die Atmosphäre ist merklich entspannter.

Die letzten Zweifel der Goldgräber sind beseitigt, als gegen Mittag des nächsten Tages die Behelfsbrücke endlich fertig ist. Je zwei dicke, glatte Stämme liegen auf Spurbreite nebeneinander. Mit Sandleitern werden die Fahrrinnen gesichert. Dann werden vorsichtig die restlichen Rover über die Brükke gewinscht.

Jacareacanga heißt die erste Siedlung, die die Camel-Trophy '84 nach ein paar Tagen erreicht. Obwohl der Name dieser Ansammlung von Treibholz und menschlichem Treibgut lang ist – das Ganze ist eine Miniaturausgabe von Maraba, jenem Zentrum des Goldrausches, das die Teams der Transamazonica '80 durchquerten. Jacareacanga wirkt so, als würde eine brasilianische Ausgabe von John Wayne im nächsten Augenblick um die Ecke reiten und den apathisch im Schatten der Holzhütten kauernden Bewohnern zeigen, wer der Boß ist in der Stadt. Nur – die Pferde in dieser Siedlung am Rio Juruena sind aus Blech. Traktoren, Lkws und nun plötzlich die Kavalkade der „Trophy"-Rover.

Eine Szene wie im Film: Eben noch links und rechts der Piste dichter Urwald, dann öffnet sich der Busch, Savanne folgt, und dann bremst du mitten in der „Stadt". Der Schlamm unter den Reifen ist der gleiche wie vorher. Nur die Umgebung ist anders. Auch hier ist Dschungel – aber menschlicher Dschungel. Auch hier zählt das brutale Gesetz des Stärkeren. Dementsprechend „reitest" du ein nach Jacareacanga. Der Jeep wird mitten auf der Straße abgestellt. Ein Mann deines Teams checkt die nächste Möglichkeit zum Tanken. Der zweite prescht in die nahe gelegene Bretterbude, die sich anmaßend „Super Mercado" nennt. Die Preise sind gesalzen, aber du kaufst, was du an Eßbarem als Proviant brauchen kannst, während dein Kumpel nebenan die Preise für Wasser und Bier zu drücken versucht. Die Anspannung fällt erst von dir ab, wenn der Rover wieder voll verproviantiert ist. Dann hast du Zeit, dich auf der Veranda einer der vielen schäbigen Kneipen in den Schatten zu setzen, das übliche Bohnengericht Fejoada und Getränke zu bestellen und endlich eine Pause zu machen.

Ladenbesitzer und Einwohner registrieren den Einfall der weißen Abenteurer mit Gelassenheit. Abenteuerliche Gestalten bedeuten für sie ihr täglich Brot. Jeder, der sein Glück in dieser Region mit Gold oder Edelsteinen machen will, kommt nach Jacareacanga, um sich mit Proviant zu versehen. Und Abenteurer sehen nun einmal nicht aus wie die Leute in Belem oder Rio oder São Paulo normalerweise aussehen. Der Besuch wird vielmehr

Der Einsatz hat sich gelohnt. Die Fahrzeuge werden über die selbstkonstruierte Brücke gelotst. Eine nervenzermürbende Millimeterarbeit. Aber am Ende haben es doch alle geschafft.

gern genutzt, um Neuigkeiten zu erfahren. Mit etwas gutem Willen und ein wenig Improvisationsgabe stellt die fremde Sprache kaum einen Hinderungsgrund für ausführliche Geschichten dar.

Die Geschichten, die die Männer von Jacareacanga erzählen, sind fast die gleichen Geschichten, die die Conquistadores am Hof des spanischen Königs vortrugen. Berichte, wie sie Francisco de Orellana – zwei Jahre, nachdem er als erster den Amazonas von der peruanischen Grenze bis zur Mündung befahren hatte – im Mai 1543 dem für die Verwaltung der „indianischen Provinzen" zuständigen Sekretär der Krone lieferte.

Was du hier 1984 hörst, von den Männern, die es wissen müssen, klingt genauso unglaublich: Legenden von sagenhaften, im Dschungel verborgenen Goldschätzen der Inkas und anderer Indianerstämme, Beteuerungen, daß es im Landesinneren Städte aus purem Gold gäbe, und natürlich Erzählungen von Amazonen, jenen weiblichen Kriegern, die alles an männlicher Aggression Bekannte in den Schatten stellen. Einer der betagten Garimpeiros schildert, wie er vor vielen Jahren am Ufer des Maranon, dem Oberlauf des Amazonas, zusammen mit einigen Gefährten dabeigewesen sei, ein Floß zu bauen: „Plötzlich tauchten vier Indios aus dem Busch auf. Alle von höherem Wuchs als wir und mit heller Haut. Das blonde Haar reichte ihnen bis zu den Hüften. Goldornamente schmückten Hals, Arme und die Kleider aus feinstem Stoff. Sie tauchten auf, schauten, was wir machten, und verschwanden ebenso plötzlich im Busch, wie sie gekommen waren." Vielleicht sind dies nur die Fieberträume alter Abenteurer. Dennoch: Die Parallelen sind bemerkenswert, wenn man liest, was der Dominikanerpater Gaspar de Carvajal im Auftrag Francisco de Orellanas in seinem Tagebuch festhielt: „Plötzlich tauchte eine Gruppe von etwa einem Dutzend weiblicher Bogenschützen auf. Sie trieben die Männer zum Kampf und schlugen auf diejenigen ein, die sich vom Kampfgetümmel

Hier scheitern alle Versuche, mit Brückenkonstruktionen weiterzukommen. Von hier bis Humaita ist für die Teams und ihre Landrover kein Durchkommen mehr. Erst als über Funk ein Flugzeug herangerufen wird, das auf der Piste mit einem waghalsigen Manöver landet und den Expeditionsleiter nach Humaita ausfliegt, wird eine Fähre auf der Straße zu den Wagen geschickt.

Die Goldgräber

Allein der Bundesstaat Para im regenarmen Nordosten Brasiliens birgt nach Schätzungen der Geologen 18 Milliarden Tonnen hochwertigen Eisenerzes, drei Milliarden Tonnen Bauxit zur Herstellung von Aluminium, eine Milliarde Tonnen Kupfer, 200 Millionen Tonnen Nickel und 42 Millionen Tonnen Mangan. Trotz technischer Großbauprojekte wie der Umleitung des Rio Tocantins, wo 10 000 Arbeiter Sand, Geröll, Lehmboden, Urwald und Gestein zu einem Kraftwerk mit einer Leistung von über 8000 Megawatt umformen, trotz dieser in der westlichen Welt bestens bekannten unvorstellbaren Mengen an Bodenschätzen zählt für die Männer und die Frauen dieser Region Brasiliens nur eines: das Gold.

Überall entlang der Transamazonica trifft man sie, die ausgemergelten Gestalten, die – egal, ob alt oder jung – alle etwas gemeinsam haben: die Hoffnung, im Dschungel genug Gold zu finden, um das bisherige elende Leben ändern zu können.

Die Flucht aus den Favelas, den Slums der Städte, endet jedoch meist wieder dort, oder sie endet mit dem Tod.

Die Garimpos sind keine Felder der Glückseligkeit. In den Goldgräbercamps ist alles bis in das kleinste Detail durchorganisiert. Schwerste körperliche Arbeit müssen alle verrichten. Verdienen tun jedoch nur die Bosse. Ein Garimpeiro ist von ihnen und ihrer Ausrüstung abhängig. Von Sonnenaufgang bis Sonnenuntergang graben sie die goldhaltige Erde auf, schleppen sie in schweren Säcken zu den Waschtischen und mühen sich, aus vielen Zentnern Erde ein paar Gramm Gold zu waschen. Die Ausbeute ist mager genug, so daß die meisten Garimpeiros für die Bosse arbeiten und auf einen eigenen Claim verzichten. Der Lohn sind etwa 1,5 Gramm Gold pro Tag. Das Monatseinkommen dieser Männer kassieren die Bosse natürlich auch wieder. Die rund 1200 Cruzeiros, die die Garimpeiros für ihr Gold pro Monat bekommen, sind zwar mehr als das, was man in den Favelas der großen Städte verdienen kann. Aber das Bier oder die Cola kosten in den Camps mindestens 100 Cruzeiros, eine Schachtel Zigaretten mindestens 50 und eine Frau mindestens 300 Cruzeiros.

Dennoch rackern sie Tag für Tag – immer in der Hoffnung, durch einen gnädigen Zufall eine Parzelle in der Nähe zu finden, wo noch keiner gegraben hat und wo sie Nuggets entdecken. Besser unter schwersten Bedingungen auf und in der Erde graben, als das zu tun, was ein paar Verwegene in der Hoffnung auf schnelleren Erfolg machen. Sie lassen sich von den Pumpenbesitzern anheuern und tauchen an langen Luftschläuchen in die Ströme, um goldhaltigen Sand vom Flußboden nach oben zu pumpen. Wenn sie nach Stunden ermüden, bläst ihnen der Pumpenchef vielleicht feingemahlenes Kokain durch den Luftschlauch, um seine Flußmänner wieder fitzumachen. Der gleiche Pumpenchef wird ihnen später den Luftschlauch einfach abschneiden, wenn in der aus dem Fluß gepumpten Erde tatsächlich Gold enthalten ist. Denn die Goldtaucher arbeiten auf Beteiligungsbasis. Und ist das Gold erst oben, dann ändert der Chef, an dessen Schläuchen alles hängt, die Verträge endgültig!

Und irgendwann ist dann doch erst mal Schluß für die Camel Trophy '84. Der Rio Madeira hat einige hundert Quadratkilometer Land unter Wasser gesetzt. Wo sich vor kurzem noch die Transamazonica durch den Busch schlängelte, fließt jetzt träge ein Fluß.

wenden wollten. Obwohl unsere besten Scharfschützen genau auf die Amazonen zielten und auch einige der kämpfenden Frauen trafen, brach der Widerstand der Indianer nicht zusammen. Die weiblichen Krieger schrien und schossen weiter, so daß Hauptmann Orellana beschloß, die Attacke abzubrechen. Bei dem Rückzug nahm Orellana einen etwa 30 Jahre alten Indianer gefangen, um ihn über die weiblichen Krieger auszufragen. Die Frauen waren von hohem Wuchs und hellhäutig. Sie waren nackt bis auf einen winzigen Schamgürtel. Das Haar trugen sie lang herabhängend. Sie lebten weit im Inneren in Dörfern, deren Häuser aus Stein gebaut waren. In diesen Dörfern gab es keine Männer. Wenn diese Frauen Männer wollten, um Kinder zu haben, zogen sie in die ihnen genehme Siedlung, nahmen die Männer gefangen und unterwarfen sie so lange ihrem Wil-

„Fitzcaraldo" auf der Transamazonica. Mit dem Fährschiff werden die Landrover über die Urwaldpiste nach Humaita gefahren. Für jene, die bei der ersten Fahrt nicht dabei sein konnten, bedeutet das noch einmal fast zwei Tage und eine Nacht im Busch. Mit immer knapper werdender Verpflegung.

len, wie ihnen danach zumute war. Die von ihnen geborenen Mädchen behielten sie in ihrer Gemeinschaft, die Knaben töteten sie oder schickten sie mit den Vätern in deren Dörfer zurück."

Wie Jäger und Seeleute haben eben alle Abenteurer ihre eigenen Geschichten, bei denen Reales und Irreales innig miteinander verschmelzen.

Und auch für die Teilnehmer der Camel-Trophy '84 – genauso wie für die Teilnehmer der anderen „Trophies" – werden eines Tages die Erinnerungen an Einzelheiten sich verwischen, und Phantasie wird an die Stelle dessen treten, was nur noch bruchstückhaft im Gedächtnis haftet.

Anlässe, Geschichten zu erzählen, gibt es in mehr als ausreichender Menge.

Da sind zum einen die Tages- und die Nachtetappen durch Hitze, Moskitoschwärme und brennenden Staub oder durch morastige Untiefen, die den Wagen festhalten, als würde er nie wieder freikommen. Da ist der Tropenregen, der Tag und Nacht fällt, als wären alle Schleusen des Himmels geöffnet, der die Transamazonica mit Sturzbächen und weiten Seen überflutet, der Brücken fortschwemmt und der dich an der Piste und an dir selbst zweifeln läßt.

Und dann sind da natürlich noch die Sonderprüfungen, die die Teams nach 16 bis 20 Stunden mörderischer Fahrt zusätzlich absolvieren müssen, damit einer von den Siegern, die durchgekommen sind, am Ende der beste Sieger ist. Prüfungen, wie über eine Distanz von etwa 50 Kilometern möglichst eine gleichbleibende Geschwindigkeit zu halten. Das ist – obwohl es leicht scheint – schon auf einer ganz normalen Landstraße gar nicht einfach; auf einer Dschungelpiste wie der Transamazonica ist es fast unmöglich. Oder eine einige Kilometer von der Piste entferntliegende Farm muß erreicht werden. Nur gibt es keinen erkennbaren Weg dorthin.

Dagegen nehmen sich special tasks wie eine Flußdurchquerung mit Kehre im Busch und Fahrer-

Posieren für das Siegerfoto. Wagen und Fahrer sind frisch gewaschen. Die Strapazen fast vergessen. Soweit man eine 1000 Meilen Trophy über eine der härtesten Dschungelpisten der Welt überhaupt vergessen kann ...

Wo die Urwaldpiste nicht aufgerissen ist, da ist sie überschwemmt. Sintflutartige Regenfälle haben streckenweise aus der Traumstraße einen Fluß gemacht, in dem die Wagen Samba tanzen.

Viel zu selten haben die Fahrer Gelegenheit zu einer kleinen Erfrischung oder einem ausgiebigen Bad, bei dem endlich der Dreck der letzten Tage abgewaschen werden kann.

wechsel eher aus wie eine Sonntagsfahrt von Hamburg nach Hannover. Probleme gibt es vor allem dann, wenn Risiko und Routine nicht mehr in einem gesunden Verhältnis zueinander stehen. Oder wenn sich die Bedingungen aufgrund der Wetterverhältnisse so schnell ändern, daß das, was das Team vor dir gerade mit Bravour geschafft hat, für dich einfach nicht mehr machbar ist. Wer dennoch glaubt, es zu schaffen, dem kann es ergehen wie den spanischen Fahrern, die bei einer nächtlichen Dschungelorientierungsfahrt ihren Jeep frontal gegen einen Baum setzten, weil sie ihr Reaktionsvermögen im irrlichternden Dunkel des Dschungels überschätzt hatten. Die beiden hatten Glück. Ihnen ist nichts passiert, nur der Rover war einige Zentimeter kürzer. Dafür hatten sie es beim Einparken leichter. Oder die belgischen Fahrer, die bei der letzten Spezialaufgabe das Pech hatten, daß plötzlich für wenige Minuten ein Tropengewitter die Holzfällerpiste, die es in Bestzeit zu durchfahren galt, unter Wasser setzte. An einer Brückenabfahrt war es dann soweit: Der Wagen wurde zu schnell, rutschte über die Kante der Piste und überschlug sich. Der Rover war ein Wrack, die beiden Fahrer kamen mit ein paar Schnittwunden und Prellungen davon. Viele der Teamfahrer erkannten zu spät, daß neben dem gesunden Menschenverstand und technischem und fahrerischem Können auch eine gehörige Portion Gelassenheit erst das Gelingen sichert. Einer der Schweizer Teamfahrer hatte das früh eingesehen: Während sein Teamkollege sich – wie die Fahrer der anderen Teams – bei glühender Mittagshitze emsig durch einen Sandberg schaufelte, um Punkte für die Sonderprüfung einzuheimsen, stand er gelassen daneben. Er hatte längst erkannt, wie die Aufgabe einfacher zu lösen wäre, aber auch, daß dem siegeswilligen Freund nicht zu helfen sei. So murmelte er nur: „So ein Schwachsinn! Mit zehn Sekunden Überlegung sparst du dir eine Stunde Arbeit. Aber ich muß dich wohl erst kollabieren lassen, damit wir den Berg schaffen ..."

Daß auch in den schwierigsten Situationen ein kühler Kopf überlebensnotwendig ist, sollten die Teilnehmer der Camel-Trophy '84 noch mehrfach zu spüren bekommen.

In den Augen der Teamfahrer ist die Qual der Strecke deutlich abzulesen. Die Lider rot und geschwollen vom Dreck, vom Staub, von der Müdigkeit. Der Blick fiebrig vom ewigen Suchen nach einer geeigneten Passage durch Schlammlöcher, bodenlosen Morast, vom vergeblichen Bemühen, sich gegen die juckenden Stiche von Moskitos und Piu-Fliegen zu wehren. Die Flüche nehmen zu. Die Sprache wird knapp. Was ist schon noch Wichtiges zu sagen in dieser verlassenen Gegend, auf diesem immer schmaler werdenden roten, schlammigen Band, das langsam vom Dschungel wieder überwuchert wird?

Freiwillige Stopps gibt es nur, wenn dann tatsächlich mal ein Fahrzeug auf der Piste liegt. Meist ist das ein Lkw mit Achsbruch, oder er ist bis zur Ladekante im Dreck versackt. Zu helfen ist da nicht. Die Fahrer dieser Wagen erwarten das auch überhaupt nicht. Ihnen ist klar, daß sie eventuell Tage oder Wochen hier liegenbleiben, wo sie gestrandet sind. Erst wenn das Wetter es erlaubt, kann der Wagen mühsam aus dem roten Lehm gegraben werden, in den die schweren Lkws

Durch die Seitentüren rauscht die Lehmbrühe in das Wageninnere und schwappt zusammen mit Diesel, Konserven und Ausrüstung um die Beine der Teamfahrer, die jede Rast zum Trocknen nutzen.

Knochenarbeit bei gut 50 Grad Hitze. Während ein Teil der Teams im Urwald Bäume fällt, schieben die anderen die glatten Stämme in die Schlaufen der selbstgebauten Seilbahn, um eine unpassierbare Strecke wieder passierbar zu machen.

dann eingebacken sind. Das einzige, was man tun kann – und was jeder tut, der über die Transamazonica fährt –, ist, mit den Fahrern über den Zustand der Straße hinter ihnen zu sprechen. Sehnsüchtig wartest du dann, ob der braune Daumen nach oben oder nach unten zeigt. Meistens zeigt er nach unten. Das Beste, was du erwarten kannst, ist ein Wedeln mit der Hand. Das heißt dann: Na ja, es geht, bzw. es ging vor ein paar Tagen. Ob es heute noch möglich ist, durchzukommen ...

Irgendwann mehren sich die

Farbenspiel im brasilianischen Busch. Die sogenannte Zivilisation erobert sich den letzten Zipfel des südamerikanischen Kontinents.

Hinweise, daß es einige Kilometer weiter Richtung Humaita nun wirklich nicht mehr weitergeht. Wieder einmal ist eine der brüchigen Brükken von den Regenfluten weggerissen worden. Trotz der recht positiven Erfahrungen beim Bau der ersten Brücke nähert sich die „Trophy" mit gemischten Gefühlen dem neuen Zwangsstopp. Ein kurzer Blick der „Brückenspezialisten", ein Kopfnicken: an die Arbeit! Die neben der ursprünglichen Brücke im Wasser liegenden Balken und Stämme werden geborgen und mit den Jeeps über die Kluft geschoben. Es ist kaum zu glauben, aber knapp fünf Stunden später steht die neue Brücke. Die müden Augen haben wieder Glanz. Allen Unkenrufen zum Trotz wird diese „Trophy" ihr Ziel erreichen. Auch wenn die Indios dieses Land „Cayahuari Yacu" nennen – „das Land, in dem Gott mit der Schöpfung nicht fertig wurde ..." –, das, was man braucht zum Weiterkommen, das baut man sich dann eben selbst. Wenn keine Brücke da ist, baust du eine, und wenn keine Straße da ist, baust du eben auch eine Straße.

Doch wenn die Hölle noch eine Steigerung kennt, dann ist das diese Straße von Humaita nach Manaus. Schon in der ersten Nacht reißt die „Trophy" so weit auseinander, daß am Ende nicht mehr alle Wagen das Ziel erreichen. Im Lauf der nächsten zwei Nächte und Tage treffen, verteilt auf die Strecke, immer wieder kleine Pulks von drei oder vier Fahrzeugen zusammen, die sich gegenseitig durch Schlammlöcher von der Größe eines Fußballplatzes winschen. An dieser letzten Teilstrecke zerbricht nicht nur ein großer Teil der noch verbliebenen Ausrüstung – daran zerbrechen auch einige Fahrer.

Die drei letzten Jeeps, die sich den Weg nach Manaus erkämpfen wollen, sichten plötzlich am Rande der Piste einen Landrover: ein „Trophy"-Fahrzeug, abgeschlossen, von den Fahrern keine Spur! Der Wagen wird aufgebrochen, alles, was an Ausrüstung drin ist, wird geborgen. Die Suche nach den Fahrern bleibt ergebnislos. Erst ein paar Kilometer später finden sie die beiden Vermißten am Rand der Piste. Zusammengebrochen. Kreislauf-

kollaps. Mit Wasser und Mineralienkonzentraten werden die zwei wieder stabilisiert: Sie hatten keine Chance mehr gesehen, mit dem Wagen weiterzukommen, und wollten deshalb versuchen, die restlichen 300 Kilometer nach Manaus zu Fuß zu bewältigen. Ohne Wasser, ohne Nahrungsmittel ...

Retter und Gerettete schaffen es am Ende auch nicht mehr mit den Fahrzeugen. Als einer der Rover an einer unübersichtlichen Stelle eine Rolle macht, ist für die Leute Schluß mit der „Trophy". Das Suchflugzeug entdeckt sie am nächsten Tag, birgt sie in einem waghalsigen Lande- und Startmanöver und fliegt sie nach Manaus, wo die Gewinner aus Italien und alle anderen, die durchgekommen sind, nun – nachdem wirklich alle angekommen sind – sich langsam an das Gefühl der Euphorie gewöhnen, das man spürt, wenn eine selbstgewählte Herausforderung bestanden wurde.

Kleine Verschnaufpause am Rande der Piste. Man sorgt für Flüssigkeitsnachschub, ißt eine Kleinigkeit. Dann wird sorgfältig der Wagen gescheckt, was nötig ist, wird repariert, und weiter geht es.

Am Ende der 1000 Meilen sind Wagen und Fahrer ein eingespieltes Team – die Gefahr wird zur berechenbaren Herausforderung.

INHALT

Streiflichter

Die Plazierungen der Camel-Trophy-Teams 1980–1984

Transamazonica 1980

1. Klaus Karthna-Dircks und Uwe Machel
2. Fritz Fuchs und Heinrich Schoner

Manfred Berger und Richard Knar schieden als drittes Team frühzeitig aus.

Sumatra 1981

1. Christian Swoboda und Knuth Mentel
2. Norbert Sudmann und Focke Hofmann
3. Hans Horst Fischer und Wolfgang Bays
4. Klaus J. Beyer und Hartwig Thees
5. Karin Stoppa und Anneliese Valldorf

Papua-Neuguinea 1982

1. Cesare Geraudo und Giuliano Giongo	(I)
2. Werner Weiglein und Peter Reinhold	(D)
3. Giorgio Landi und Lorenzo Loreti	(I)
4. Rob Comstock und Paul Haven	(USA)
5. Hans Bronsqeest und Ernest van Arendonk	(NL)
Bob Peters und Ken Arnold	(USA)
7. Franz Murr und Wolfgang Eggers	(D)
8. Willem de Bruyn und Hans Prudon	(NL)

Zaire 1983

1. Henk Bont und Frans Heij	(NL)
2. Manuel Marques Pinto und Pedro Vilas-Boas	(P)
3. Sau-Hing Lai und Kam-Chuen Au	(HK)
4. Joachim Haessler und Dieter Geng	(D)
5. Charles Botta und Jürg Lüthi	(CH)
6. Paolo Contegiacomo und Aurelio Girelli	(I)
7. Juan Espinosa de los Monteros und Manuel Rodriguez Bautista	(E)

Brasilien 1984

1. Maurizio Lavi und Alfredo Redaelli	(I)
2. Volker Lapp und Ulrich Schum	(D)
3. Dick Haaksma und Age Krug	(NL)
4. Michiel Dagevos und Kees Vermeer	(NL)
5. Giancarlo Barocelli und Sandro Damiani	(I)
6. Polydore Stevens und Jan van der Elst	(B)
7. Beat Studer und Othmar Wirth	(CH)
Philippe Martin und Richard Moser	(CH)
9. Wolfram Gegg und Hermann Matula	(D)
10. Alvaro Dominguez Coig und Alfonso Lerma Amezaga	(E)
11. José J. Moreno Zalve und Armando Sosa Matos	(E)
12. Marc Thomson und Christian Allesbosh	(B)

Bibliographie

Aschoff, Jürgen C.: „Fernweh", Verlag medical concept, Neufahrn bei München 1982

Baumann, P./Patzelt, E.: „Das Amazonas Dschungelbuch", Ullstein, Berlin–Frankfurt–Wien 1980

Bender, Andreas: „TransAmazonica", Badenia, Karlsruhe 1983

Bieber, Horst: „5300 Kilometer durch die grüne Hölle", Kölner Stadtanzeiger vom 15. 4. 1978

Bradt, Georg N.: „South America: River Trips", Bradt Enterprises, Cambridge/USA 1981

Brehm, A.E. „Tierleben", Reclam, Leipzig 1933

Cohen, J.M.: „Journeys down the Amazon", Charles Knight & Company Ltd., London & Tonbridge 1975

Draeger, A.: „Brasilien", Reich Verlag, Luzern 1983

Gester, Martin: „Immer mehr rostbraune Flekken im grünen Urwaldteppich Brasiliens", FAZ vom 28. 12. 1979

Hale, John R.: „Zeitalter der Entdeckungen", TIME-LIFE, Amsterdam 1967

Harrer, Heinrich: „Unterwegs", Brockhaus, Wiesbaden 1980

–: „Ich komme aus der Steinzeit", Umschau, Frankfurt 1976

–: „Geheimnis Afrika", Pinguin, Innsbruck 1979

Kipling, Rudyard: „Gesammelte Werke", List, München 1978

Kubitzki, Klaus, und Moser, Rudolf: „Amazonien", Orell Füssli, Zürich und Schwäbisch Hall 1983

Le Petit, Dr.: „Sittengalerie der Nationen", Hoff, Mannheim 1836

Maufrais, Raymond: „Matto Grosso Adventure", William Kimber, London 1955

Mihalic, Fran: „Introduction To New Guinea Pidgin", Jacarande Press, Milton/Australien 1969

Montefiore, Arthur: „H. M. Stanley, The American Explorer", Patridge, London o.J.

Moorehead, Alan: „The White Nile", Penguin Books, London 1973

O'Reilly Sternberg, Hilgard: „The Amazon River of Brazil", Franz Steiner, Wiesbaden 1975

Salentiny, Fernand: „Das Lexikon der Seefahrer und Entdecker", Erdmann, Tübingen 1974

Scott, Sir Peter: „The World Atlas Of Birds", Artists House, London 1982

Sterling, Thomas: „Der Amazonas", TIME-LIFE, Amsterdam 1978

Stanley, Henry M.: „Die Entdeckung des Kongo", Erdmann, Tübingen 1979

Traven, B.: „Indianertanz im Dschungel", Diogenes, Zürich 1981

Trupp, Fritz: „Die letzten Indianer", Perlinger, Wörgl 1981

Vanhecke, Charles: „L'Amazonie en train de naitre", Le Monde vom 9. 3. 1976

WM 5/1955